國家社科基金重大項目（10&ZD104）

上海師範大學古籍整理研究所編
項目首席專家、主編　戴建國
主編　朱易安　傅璇琮　周常林

全宋筆記

第十编

十一

国家出版基金项目
NATIONAL PUBLICATION FOUNDATION

大象出版社

目録

⊙金盈之撰

新編醉翁談録

胡紹文 整理

點校説明

《新編醉翁談録》八卷，卷首題「宋從政郎新衡州録事參軍金盈之撰」。金盈之生平不詳。據書中卷一《史丞相上梁文》：「嘉定己巳敕賜府第」，卷二「戊辰親恩遊御園録」記述嘉定戊辰間事，金盈之當生活在南宋嘉定年間。

該書屬於雜抄彙編性質，内容多抄自他書。《名公佳製》收録宋人詩文；《榮貴要覽》雜抄唐宋時期的逸聞；《京城風俗記》記録了京師的節日民俗和繁華生活場景；《禪林叢録》收録僧人的故事；《平康巷陌記》部分篇目出自唐人孫棨《北里志》，記叙了名妓風采及其奢華的生活。

由於所抄的《京城風俗記》等書已佚，《新編醉翁談録》保存了許多有價值的資料。如《瑣闥異聞》載唐肅宗以後禁闈逸聞十五事，不見於他書。《禪林叢録》雖雜詼諧，却寓針砭。《平康巷陌記》凡十四事，詳載平康舊聞，兼録傳誦曲章、下里巴人之典，可管窺當時習俗所趨。該書在研究唐宋社會生活及文化方面具有一定的價值。

此書初録于清初黄虞稷《千頃堂書目》，嘉慶時阮元進呈《宛委别藏》收録五卷。據清人莫友芝《宋元舊本書經眼録》載：他看過江山劉泖生手抄八卷本。中國國家圖書館藏有毛扆校過的清抄本殘卷，存五至八共四卷。民國時期張鈞衡《適園叢書》完整收録八卷。另有古典文學出版社一九五八年點校本。此次整理以《適園叢書》本爲底本，參校《宛委别藏》本、中國國家圖書館館藏毛扆校清抄本。

目録

卷三

卷四

卷五

瑣闥異聞

卷六

禪林叢録

卷七

【一】正文中有「與女人舉棺」事目录遺漏。

校勘記

卷一

名公佳製

史丞相上梁文　嘉定己巳敕賜府第

奮身許國，端如柱石之擎天；　崇德報功，可使樓臺之無地。不有間生之瑰傑，莫成協大之殊勳。方乾坤之氣，豁爾清夷；　宜國家之典，舉於希闊。恭唯某官相門勳望，聖世儒宗。尚父素無二心，新傳衣鉢；　阿衡咸有一德，感會風雲。挺孤忠於巇嶮之間，平巨姦於盤錯之日。祖宗基業，三百載反掌而安；　南北生靈，億萬人息肩以樂。腹心鼇極，手翼龍樓。羣賢並進於清朝，公論大開於今日。肆酬偉烈，上簡淵衷。在相臣體國，固自忘家；　而明主禮賢，莫優賜第。地靈闡祕，天緯開祥。於萬家闤闠之廛，得十頃靖深之阯。棟宇聳高於霄漢，軒窗敻絶於塵埃。煥然制作之規模，來從天上；　恍若神仙之洞府，移在人間。不數晏嬰爽塏之居，且異馬周佳麗之宅。彰一人之體貌，新百辟之儀形。蓋凡有議論，欲問仲舒；　而獨佩安危，尤資中令。敬請龜卜，肇舉虹梁；　敢采歡聲，式彰善頌：

抛梁東，於赫曦輪麗太空。一自咸池洗氛翳，八紘都在照臨中。

抛梁南，仰矚宸居碧漢參。已辨致君新事業，坐看咸五與登三。

抛梁西，參井煙光望欲迷。萬里狼烽今已息，何須傳檄定羌氏。

抛梁北，聘使交馳正如織。百年盟好一朝新，端的皆由公相力。

抛梁上，望外晴嵐環碧嶂。不惟宸極竚公歸，北斗泰山誰不仰。

抛梁下，燕雀但知棲廣廈。幾多桃李荷栽培，準擬春風歸造化。

伏願上梁之後，德尊而神泰，心逸而體胖。紫宸隔咫尺之遥【一】，清問有十行之寵。君臣千載，永爲宗廟之棟梁； 父子一門，並紀勳庸之彝鼎。

水碓古詩

生平志剛堅，打硬鐵石背。而何不自持，受制一泓水。眯目厭揚糠，折腰長爲米。俛仰不暫停，瞀盪音湯殊不已。廩人欲繼粟，僕僕乃使已。鏦錚夜雨中，塵粃西風裏。亦有濟時材，野老勿輕眎。鄰車久不轉，爲乏河九里。區區二千石，因而成事耳。

竹奴文

予以畏日虐晝，几案如鑪，乃下竹榻，寘庭之隅，設蘄簟與筠枕，將逭暑於須臾。臥既久而不寐，汗如漿而浹膚。揮員箑以腕脱，箑，所甲反，霎同音。楚人謂扇曰箑。咀堅冰而口呿。

【一】隔　原文缺，據《宛委別藏》本補。

榻枕簟之三子，俄趨進以來俱。同辭而言曰：「僕之鼻祖，宅於渭墟。有地千畝，富埒侯租。釣月北海者，傒英主而赴風雲之會；龍躍葛陂者，委功名富貴而爲躅天衢。逮後來兮孫穉，遂枝分而派居。僕家寒而族冷，無紹介之吹噓。顧以涼德而猥叨親近，誓將盡節以篚夫臺輿。今君流汗四洽，氣鬱不舒。僕等烏可緘舉類之口，而不告君以良圖。僕有竹氏夫人者，性不熱中，體清而癯。儻受君之親倚，可來爽氣之虛徐。君誠召而用之，彰鄙言之非諛。」予應曰：「俞，吾方思之。」乃遣長鬚三子具□，而竹氏至予。予呼之前，曰：「汝以斧斤成質，遇熱見須【二】，憑肱據股，縱意所如。非有鵲巢之德，采蘋之職，曷爲而受夫人之呼？人之稱汝，既以重誣。汝輒披襟，於汝安乎？夫金炯有清明之鑒，而襲徹侯之爵；炯，户頃反。毛穎以翰墨之勳，而掇中書之除。汝非有功有德，可與二君子爲徒。今黜汝之僭號，而謂汝爲竹奴。盍安名而謹分，順主人之所驅。無沮怍以觖望，遂銜冤歸憾於吾。」竹奴皇恐稽首而進曰：「豈謂是歟！妾久懼駑下而負乘，將乞骸以裁書。辱開陳而是正，庸迪陋以啟愚。雖不敏而自忻，得斯名之不虛。敢失言以懷怨，甘貶爵而爲下執之趨。」

約朋友結課檄書

士懷居，不爲士，莫辭會友之文；人不恥，何若人，當廣齊賢之見。矧國家求士之詔甫及，而郡國貢英之典立行。如臨深淵，無宜羨魚；並驅中原，誰先得鹿？夢回槐

【二】遇熱見須　原作「熱□須」，據南宋洪适《盤洲集》補。

國，還驚舉子之忙；戰鬬棘圍，肯效原夫之輩！自非磨犀角，擢象齒，安得附鳳翼，攀龍鱗。惟其一一而吹，必也多多益辦。白雪陽春，雖云寡和；高山流水，自有知音。況人人磨鐵硯之徒，箇箇奪錦標之手。文妙「黄絹幼婦」，賦高《烏有》、《子虛》。如或一日暴十日寒，豈謂千人英萬人傑？欲跨烏騅馬，須還扛鼎之人；不戰黄鶴樓，爭覩降旗之帥。詎可家自爲師，人自爲學；要知游必擇士，居必擇鄰。幸有王郎司講及時之得，可無劉氏益堅固姓之謀。過猶不及，惟兹四人；期而不至，其罰五百。凡我既盟之後，吾友從事於斯。點爾何如，異乎三子之撰；聊爾自謂，或有一日之長。待收拾芥之勳，當鼓焚舟之勇。益張士氣，横飛得志之秋；大振家風，聯名澹墨之上。檄書所至，與議僉從。

容膝齋致語

寸地休心，或發置錐之誚；數椽容膝，大勝環堵之居。非坐井以觀天，猶乘槎之問漢。宋桷但求於細木，門閭不納於高車。斤斧論功，龜魚薦瑞。某技窮知止，興盡倦飛。半百年而日苦無多，又餘千稔；九萬里而風斯在下，安敢肆言。鷦鷯不過於一枝，鳳皇如翔於千仞。因山之麓，倚竹爲廬。每駐屐而少留，必横琴而獨樂。塵外欲招於五老，飲中難著於八仙。抵掌而談，不出橘州之景；曲肱而枕，可追槐里之歡。晝掩卷以盟鷗，夜舉杯而勸月。小以成小，斯焉取斯。霧塞華榱，沈沈者所以敗也；風生圭竇，綽綽然有餘裕哉！

御書扇銘

故刑部尚書孫公，諱直孺。紹興初，侍講禁中。上以所御白團扇親書十字賜之，云「文物多師古，朝廷半老儒」之句。後十七年，公之子臣樅屬某爲之銘。曰：

天厭隋亂，唐室代興。於赫太祖，大人繼明。手持三尺，除殘禁暴。日月宣光，風霆布號。功侔堯甸，德配禹天。卑宮菲食，吾無間然。賢路宏開，正直是與。儒先首尊，御於帝所。著爲世準，聖聖相因。稽經問道，如出一人。偉歟胡公，萬人之傑。耆儒宿艾，歷宗三葉。扇出上方，寶墨未乾。天縱筆妙，宛若龍鸞。璧月煌煌，光燭蔀室。子孫祝之，稽古之力。

清醇酒頌

清如秋江寒月，風吹波靜而無雲；醇如春江永日，游絲落花之困人。借之以涪翁清閑，鑒此杯面淥；本之以李叟孝友，成此甕頭春。

竹石銘

劉文伯晚景次需之暇，於所居之側妝飾一軒，瀟灑可人。其中一壁，但畫竹石而已。劉酷愛之，日游其中。江永之一日來訪，劉乃具酒拉親舊飲於是軒。永之既醉，忽舉筆題兩句於畫壁之旁，云：「此石拳然，此君蕭然。」劉意殊不樂。江久乃再續云：「是謂歲寒之操，人與物以俱堅。」劉乃大喜，遂題兩句於江所題之後壁云：「壁上有人題好句，天應錫我老何難。」飲坐客，爛醉乃散。

司馬公聯句

温公退休之暇，攜筇爲招提之游。其寺之下有峻嶺焉。公登是嶺，見二人坐於石上，揚然自得。公亦憩於其旁。忽聞二人聯句，公不覺微笑。二人尤輕視之，乃言曰：「公亦能詩乎？可聯兩句。」温公曰：「一上一上又一上，看看行到嶺頭上。」二人大笑。少頃，公曰：「詩猶未就。」再吟兩句曰：「乾坤只在掌拏中，四海五湖歸一望。」二人相視大驚，知其爲大賢，乃長揖而退。

棄竹杖詩

劉侍郎夔因赴省之時，攜筇徒步，道經三衢。臨登舟次，以所攜之竹杖投於江，乃口占詩以祝之曰：「曾伴仙翁出武夷，艱難險阻有扶持。我今去作朝天客，送汝爲龍到葛陂。」識者聞其詩，知此公志量不出人下，是年果登第。

卷二

榮貴要覽

戊辰親恩遊御園録

嘉定改元，五月甲辰，主上臨軒策進士。辛酉壬戌，臚唱於集英殿。建安昭武，正奏名十有二人，特奏名十有七人，宗室取應一人。以六月戊寅，講鄉會於聚景園。謝源明月光、趙善恭作肅、劉爚晦伯、竇思文文仲、李正通彦中、雷霆復之、徐應龍仲通、趙善櫄材父遺書幣來相席。鄒應龍景初先自章貢致餽，至是還朝，復主盟斯會。黄格誠之、李曼卿仲碩、蔡以中正孺、李桂景詵、王洪之涂叔、真德秀景實預焉。調官較藝中都者三十人同席。先言還，弗及與者。時中書舍人太子庶子直學士院鄒應龍景初稟東宮，面奏得聖旨，特借御園。

鑑遠堂御書金字　講團拜

翠光亭　更衣

會芳堂　會素食五杯

西齋係會芳堂西偏，面北，開門一望皆荷花湖，平水如鏡。

涼觀以上四所，並青字御書，從正散柱直入至照壁，深四丈餘尺。一架梁，下可坐六十餘人，更有餘閒之地。

分茶　　勸酒七盞葷食

花光亭金御書八角　　含風殿　　松風閣青字

淩波亭　　橘里　　橙鄉

蓼洲　　翫月亭八角　　露華亭八角

蓮湖在鑑遠堂前彌望　　蘭坡

芙蓉徑　　柳嶼　　桂林

柳隖　　李蹊　　菊坡

龍舟皆金妝鱗

凡四五十所足蹟，止到此而已。

含元殿

含元殿，唐初建造，鑿龍首岡以爲基阯，彤墀結砌，高五十餘尺。左右立栖鳳、翔鸞二闕，龍尾道出於闕前。倚闌下瞰，前山如在諸掌。殿去五門二里，每元朔朝會，禁軍與御仗宿於殿庭，金甲葆戈，雜以綺繡。羅列文武纓佩，序立蠻夷酋長。仰觀王座，若在霄漢。

議者以爲自姬漢之代，迄於亡隋，未有如斯之盛。

曲江之宴

曲江池，本秦世隑州，開元中疏鑿，遂爲勝境。其南有紫雲樓、芙蓉苑，其西有杏園、慈恩寺，花卉環周，煙水明媚，都人遊翫，盛於中和、上巳之節。采幄翠幬，帀於隄岸；鮮車健馬，駕肩擊轂。上巳即錫臣僚，京兆府大陳筵席，長安、萬年兩縣以雄盛相較，錦繡珍玩，無所不施。百辟會於山亭，恩賜太常及教坊聲樂。池中備采舟數隻，唯宰相、三使、北省官與翰林學士登焉。每歲傾動皇州，以爲盛觀。入夏則菰蒲葱蒨，柳陰四合，碧水紅蕖，湛然可愛。好事者賞花辰，翫清景，聯騎攜觴，亹亹不絶。

同昌公主

公主出降，宅於廣化里。出錢五百萬貫，仍罄内庫寶貨以實其宅。至於房櫳户牖，無不以珍異飾之。又以金銀爲井闌、藥臼、食槽、水槽、金鐺、盆甕之屬，仍鏤金爲笊籬、箕筐，製水精、火齊、琉璃、玳瑁等牀，悉飾以金龜銀鰲。又琢五色玉器爲斗合，百寶爲案。又賜金陵銀末共數斛。堂中設連珠之帳，卻寒之簾，犀牀象席，龍團鳳褥。連珠帳，續真珠爲之也。卻寒簾類玳瑁斑有紫色，乃卻寒鳥骨所爲也。又有鷓鴣枕、翡翠匣、神絲繡被：其枕以七寶合成，爲鷓鴣之狀；翡翠匣，積羽飾之；神絲繡被繡三千鴛鴦，間以奇花異果，其精巧華麗絶比。其上絡以靈粟之珠，如粟粒，五色煇焕。又帶蠲忿犀如意玉，時張瑟瑟幕於堂。其幕闊三丈，長一百尺，輕虚明薄，向空張之，則疏明之紋如碧鈿之貫真珠。雖大雨暴降，終不沾濡。或云以鮫人瑞香膏傅之故也。紋布巾，即手巾也，絜白如雪，光軟特異，拭水不濡，用之彌年不生垢膩。火蠶綿出炎洲，絮衣一襲用一兩。稍過度，則蒸燠之氣不可衣也。公主一日大會韋氏族於廣化里，玉饌俱列，暑氣特甚。公主命取澄水帛，以水蘸之，挂於南軒。良久，滿坐皆思挾纊。澄水帛長八九尺，似布而細，明薄可鑒。中有龍涎，故能消暑毒也。

蓮池

神廟時，中貴宋用臣鑿後苑瑶津池成。明日，請上賞蓮荷。忽見萬荷蔽水，一夜買滿京盆池沈其下。上嘉其能。下闕

卷三

京城風俗記

予世居京城，自渡江以來，每思風物繁盛，則氣拂吾膺。暇日，因命兒姪輩鈔録一年景致及風俗好尚，無不備載。行將恢復，再見太平，當知予言歷歷可驗也。

正月

元旦，天子受朝賀，俗謂之排正仗。百官皆衣朝服，賀畢，百官以次就坐。酒五行，太常以樂侑觴。侑音又，佐也。如不受賀，則詣東上閤門拜表而已。

三日，放士庶賭博，多撲元夕所用百品鐙籠之具。

人日，正月初七日也。造麪繭，以肉或素餡，其實厚皮饅頭酸餡也。餡中置紙簽，或削作木，書官品。人自探取，以卜異時官之高下。貴家或選取古今名人警摘句可以占前塗者，然亦但舉其吉祥之詞耳。故歐公有詩云「來時擘繭正探官」之句【一】。

前一日【二】，探聚糞壤，人未行時，以煎餅七枚覆其上，棄之通衢以送窮。韓文公《送窮文》尚矣。又石曼卿《送窮詩》曰：「世人貪利意非均，交送窮愁與底人。窮鬼無歸於

校勘記

【一】擘繭　「擘」原作「壁」，據南宋陳元靚《歲時廣記》改。

【二】前一日　按，據目録此句前疑脱「送窮」二字。

我去，我心憂道不憂貧。」

立春，開封府土牛進入殿中【三】。開封縣土牛，一日鼓樂迎置府南門上。天下真定府土牛最大。是日，自郎官、御史、寺監、長貳以上，皆賜春幡勝，以羅爲之。近臣皆加賜銀勝。開封府鞭牛訖，官屬大合樂宴飲，辨色入朝門，謝春幡勝。

上元，自月初開東華門爲鐙市。十一日，車駕謁原廟回。車馬自闕前皆趨東華門外，如水之趨下，輻之湊轂。又有鐙毬、鐙槊、絹鐙籠、日月鐙、詩牌絹鐙、鏡鐙、字鐙、馬騎鐙、鳳鐙、水鐙、瑠璃鐙、影鐙。諸鐙之最繁者，棘盆鐙爲上。是鐙於上前爲大樂坊，以棘爲垣，所以節觀者，謂之棘盆。山棚上，棘盆中，皆以木爲仙佛、人物、車馬之像，盡集名娼立山棚上。開封府奏衙前樂，選諸絶藝者在棘盆中飛丸、走索、緣竿、擲劍之類。大率都城鐙市所觀者，車服羅綺器用之類，所謂車馬往來，人看人者是也。都人欲爲夜宴，則絶無可往處，人多故也。婦人又爲鐙毬鐙籠，大如棗栗，加珠翠之飾，合城婦女競戴之。又插雪梅，凡雪梅皆繒楮爲之。又有宜男蟬，狀如紙蛾而稍加文飾。

十八日謂之收鐙。是日輦聲歸内亦稍稍解去，車馬漸已稀少。晏丞相正月十九日詩云：「樓臺寂寞收鐙夜，里巷蕭條埽雪天。」又十八日收鐙詩云：

星逐綺羅沈晚色，月隨歌舞下層臺。千驄萬轂無尋處，秖是華胥一夢回。

是詩尾兩句蓋狀其車馬稀少，如華胥夢覺也。

【三】殿中　「殿」原本無，據《宛委別藏》本補。

二月

一日，名中和節。自唐以來，以是日爲中和節。今唯作朝假，亦不休務。然朝士自是日著單衣公服，唯政事老臣猶衣夾袍。入宫見上御單袍，即亟易之。

社日。是日有三宜、三不宜。人家男女並用早起。舊俗相傳：苟爲晏起，則社翁社婆遺糞其面上。其後面黄者則是其驗，一不宜也。女子忌食齏，則嫁時拜公姑腰響，二不宜也。學生皆給假，幼女輟工夫。若是日不休息，令人懵董，三不宜也。小學生以葱繫竹竿上，就窗内鑽出窗外，謂之開聰明，一宜也。不論男女，以采線繫蒜懸於心胸之間，令人能計算，二宜也。父母取已嫁女歸家，名曰歸寧。舊俗相傳：是日歸寧則多外甥，三宜也。是日飲酒治聾，不知所從來。至今此風不替，唯見於老杜詩。

寒食節，冬至後一百五日。即有疾風甚雨，謂之寒食。民間以一百四十日始禁火，謂之大寒。二月寒食者，今姑不講矣。今云斷火三日者，謂冬至後一百四日、一百五日、一百六日也。唐杜甫《小寒食》詩云「佳辰强飲食猶寒」，乃知食猶寒則是一百六日也。一百四日爲大寒食、一百六日爲小寒食，明矣。或以一百五日爲官寒食，一百四日爲私寒食。又云一百三日爲炊熟，以爲後三日禁火爲烹炮燂湯之具。燂音藍。湯，土當反。慶曆中，京師人家庖廚滅火三日。是節合都士庶之家多蓄食品，故京師諺語有「寒食十八頓」之説。又諺云：「饞婦思寒食，饞，土咸切，不廉也。嬾婦思正月。」正月女工多禁忌故也。又謂寒食爲一月節者。自一百四日，人家出修墓祭祀，如是經月不絶，故俗傳有「一月節」之語。

是日，世傳婦人死於産蓐者，其鬼唯於一百五日得自湔濯。故人前一日皆畜水，是日不上井以避之。又以棗麪爲餅，如北地棗菰而小，謂之「子推」。穿以楊枝插之户閒，而不知何得此名也。或者以謂昔人以此祭介子推，如端午角黍祭屈原之義。

都民不論貧富，隔歲以豕肉先糟熟，掛竈側，名曰臘月肉。至是日，特取淨洗而食之，蓋預備禁火之意也。今人皆不知其義。

三月

清明節在寒食前後，故節物樂事皆爲寒食所包。國朝故事：唯自清明日，開集禧殿太乙宫三日，宫殿、池沼、園林、花卉，諸事備具。繁臺正在其東，登樓下瞰，尤爲殊觀。石曼卿詩云：「臺高地迥出天半，臢見皇都十里春。」

上巳，上開金明池、金水河、瓊林苑。三事見《教坊記》詳載。是日開金明池，細民作小兒戲弄之具，而衒賣者甚衆，而龍船爲最多。大率倣御座龍船及競渡龍虎頭船，其巨細工拙不一製也。自元豐初，每開一池日，許士庶蒱博其中，自後遊人益盛。舊俗相傳里諺云：「三月十八，村里老婆風發。」蓋是日村姑無老幼皆入城也。是日郡府爲盛會，爭標水秋千之戲，皆如上巳，而觀者雜遝過之遠甚。三月二十八日，雖復爲此戲，又其次也。西京多重此日。京城合郡，不以朝貴士庶爲閒，每於此月，當牡丹盛開之際，各出其花於門首及廊廡間，名曰鬬花會。富貴之家設宴以賞，恣傾城往來遊翫。都人是日盛飾子女，車馬闐街，珠翠溢目，一春遊賞，無出於此。舊俗相傳，慈恩院有花兩叢，開花五六百朵，繁豔芬馥，近少倫比。有僧思振甚寶愛之。一日，朝士數人尋芳至慈恩院。時東廊小軒有白牡丹可愛。相與傾酒而坐，因謂思振曰：「牡丹之盛美亦奇矣。然世之所翫者，但淺紅深紫而已。竟未識紅之深者。」思振微笑曰：「安得無？但諸賢未之見爾！」於是從而詰之。思振曰：「昔於他處一見，蓋非輦轂所有。」堅求之不已，僧曰：「衆君子好尚如此，老僧此實有之。今欲同看此花，但未知不泄於人否？」朝士作禮爲誓云：「終身不復言之」。思振乃開一房，其間施設幡像，有板壁，遮以舊幕。幕下啟關而入，至一院，有小堂兩間，華潔瀟灑，軒廡闌楹，妝飾華麗。有殷紅牡丹一叢，婆娑開花異常，春陽纔照，露華乍晞，濃姿半開，炫燿心目。朝士愛賞留戀，及暮乃去。思振曰：「老僧保惜培護近二十年矣，謹無出語使人知之。」經數日，甫及鬬花會之辰，有權要子弟數人同到寺，至有花之房，從容良久，引思振至曲江閑步。將出，令小僕寄安茶笈，音及，箱也。裹以黃帕，遂往曲江岸。藉草舉杯次，忽有小師奔走而來，云有數十人入院掘花，禁之不止。思振俛首無言，唯自吁歎。坐中權要子弟相顧而笑。卻同僧歸院，至寺門，見以大畚盛花，畚音本。舁擡而去。取花者徐謂僧曰：「竊聞貴院有此名花，宅中咸欲一看，不敢預有相告，蓋恐難於見捨。適寄茶笈中有金三十兩、蜀茶二斤以謝。」是年鬬花之會，獨此花爲東京第一。

卷四

京城風俗記

四月

八日，諸經説佛生日不同，其指言四月八日生者爲多。《宿願果報經》云：「我佛世尊，生是此日。故用四月八日灌佛也。」南方多用此日，北人專用臘八。皇祐閒，員照禪師來會林，始用此日，蓋行摩訶利頭經浴佛之日。僧尼道流雲集相國寺，是會獨甚。常年平明，合都士庶婦女駢集，四方挈老扶幼交觀者莫不蔬素。衆僧環列既定，乃出金盤，廣四尺餘，置於佛殿之前，仍以漫天紫幙覆之於上。其紫幙皆銷金爲龍鳳、花木之形。又置小方座，前陳經案，次設香盤，四隅立金頻伽，磴道闌檻，無不悉具。盛陳錦繡襜褥，精巧奇絶，冠於一時。良久，吹螺擊鼓，鐙燭相映，羅列香花，迎擁一佛子，外飾以金，一手指天，一手指地。其中不知何物爲之，唯高二尺許，置於金盤中。衆僧舉揚佛事，其聲振地。士女瞻敬，以祈恩福。或見佛子於金盤中周行七步，觀者愕然。今之藥傀儡者，蓋得其遺意。既而揭去紫幙，則見九龍，飾以金寶，閒以五彩，從高噀水，水入盤中，香氣襲人。須臾，盤盈水止，大德僧以次舉長柄金杓，挹水灌浴佛子。浴佛既畢，觀者並求浴佛水飲漱也。

開封府風俗，以稻并李置采囊中帶之，謂之道理袋。

鼓扇百索市在潘樓下麗景門外，閶闔門、朱雀門内外。相國寺東廊，睦親、廣親宅前，皆賣此等物。

五月【一】

自五月初一日以後，富貴之家多乘車馬，萃潘樓下，亦次於七夕。鼓扇者俗造小鼓懸於梁，或置臺座上，或鼗鼓、或雷鼓，其制不一。又造小扇子，或紅或白或青，或繡或畫或縷金，或合二色以相饋遺。

民家是日相尚，以槐葉取其嫩者，爛研如泥，入沸湯中，候沫起，以醋點之成塊，漉出復研之，和□□□皆謂是□□□□□□□□□□□□□□□□□於姓柏人家求飯以當之。有醫工柏仲宣大保，每歲夏至日炊飯饋遺知識家。

六月

六日，開封府皆言貓兒常苦寒，一歲之中，唯六月六日一日熱。

京師三伏，唯史官賜冰麨，百司休務而已。士大夫家不以爲節，特吏人、醫家、富商、大賈聚會宴飲，其所尚者，食羊頭簽而已。

【一】五月　此標題原文無，據目録補。

七月

七夕，潘樓前賣乞巧物。自七月一日車馬嗔咽，至七夕前三日車馬不通行，相次壅遏，不復得出，至夜方散。嘉祐中，有以私忿易乞巧市乘馬行者，開封尹得其人，竄之遠方，自後再就潘樓。其次麗景、保康諸門及睦親門外，亦有乞巧市，然終不及潘樓之繁盛也。夫乞巧樓多以采帛爲之，其夜婦女以七孔針於月下穿之。其實此鍼不可用也，鍼褊而孔大，其餘乞巧，南人多倣之。

京師是日多博泥孩兒，端正細膩，京語謂之「摩睺羅」。小大甚不一，價亦不廉。或加飾以男女衣服，有及於華侈者，南人目爲巧兒。

八月

中秋，京師賞月之會，異於他郡。傾城人家子女，不以貧富，自能行至十二三，皆以成人之服服飾之，登樓或於中庭焚香拜月，各有所期。男則願早步蟾宫，高攀仙桂，所以當時賦詞者有「時人莫訝登科早，只爲常娥愛少年」之句。女則澹竚妝飾，則願貌似常娥，員如皓月。俗傳齊國無鹽女，天下之至醜，因幼年拜月，後以德選入宫，帝未寵幸。上因賞月見之，姿色異常，帝愛幸之，因立爲后。乃知女子拜月有自來矣。

舊傳是夜月色明朗，則兔弄影而孕，生子必多；海濱老蚌吐納月影，則多産明珠。比明年采珠捕兔者，卜此夕爲驗。

九月

重陽，以酒果餻等送諸女家，或遺親識。其上插菊花，散石榴子、栗黄，或插小紅旗，長二三尺。又以泥爲文殊菩薩騎獅子像，蠻人牽之，以置餻上。或以聖像不可褻黷，每餻上作小獅子形數箇，或爲泥鹿。

是日天欲明時，以片餻搭兒頭上，乳保祝禱之，云「百事皆高」。

十月

舊俗：十月朔開鑪向火，乃沃酒及炙臠肉於鑪中，圍坐飲啗，謂之暖鑪。至今民家送親黨薪炭、酒肉、縑緜，新嫁女并送火鑪。

十一月

冬至前一日云冬至既，號亞寒。俗人遂以冬至前之夜爲夜除，大率多倣歲除故事而差異焉。鄙人自冬至之次日數九，凡九九八十一日。里巷作九九詞，又云：「九盡寒盡，伏盡熱盡。」

冬至。都城以寒食、冬至、元旦爲三大節。自寒食至冬至，久無節序，故民間多相問遺。至歲除，或財力不及，不復講此。俗諺有「肥冬瘦年」之語，蓋謂冬至人多饋遺，除夜則不然也。人家是日多食餛飩，故有「冬餛飩、年餺飥」之語。開封俗語：「新節已過，皮鞋底破。大擔餛飩，一口一箇。」

百官是日如元旦，天子受朝賀，俗謂之排冬仗。百官皆衣朝服，賀畢，百官以次就坐，酒五行，太常以樂侑觴。

十二月

除夜，舊傳唐明皇是夕夢鬼物名曰鍾馗，既覺，命工繪畫之。至今人家圖其形，貼於門壁，亦有用綃爲圖者。禁中每歲前賜兩府各一。又或作鍾馗小妹之形。

除夜，京師民庶之家癡兒騃女，多達旦不寐，俗諺云：「守冬爺長命，守歲孃長命。」

卷五

瑣闥異聞

日林國怪石

其國在淮東北四萬里。國西南有怪石，方數百里，光明澄澈，可鑑人五藏六府，亦謂之仙人鏡。其國人有疾，照之遂見其疾起於某處藏府，即自采神草餌之，無不愈焉。

賜輔國玉辟邪

肅宗賜李輔國二玉，名辟邪，各長一尺五寸，奇巧殆非人間所有。其玉之香可聞於數百步，雖祕之於金匱玉函，終不能掩其氣。或以衣裙誤拂，則芬馥經年，縱澣濯之，亦不消歇。輔國常置座側。一日方巾櫛，忽一大笑一悲號而涕泗交下。輔國惡其怪，碎如粉以投廁中。其後常聞悲痛之聲，不周歲而輔國死焉。初投玉屑時，爲嬖孥、幕客、宫人知物異常，隱留二合。後爲一朝士知之，以錢三十萬買去。後朝士以事將伏誅，其香化爲白蝶數萬，竟天而去。

碧芙蓉爲異

唐元載造芸輝堂於私第。芸輝，香草也，出於于闐國。其光潔如玉，入土不朽爛，舂之爲屑以塗壁，故號芸輝焉。而更構沈檀爲梁棟，飾金銀爲户牖，内設懸黎屏風。屏上刻前代美女妓樂之形，外以玳瑁、水犀爲柙，結絡以真珠瑟瑟。其爲精妙，殆非人工所及。而服玩之奢侈，擬於帝王之家。芸輝之前有池，悉以白石砌其岸。中有蘋花，亦類白蘋，其色紅，大如牡丹，不知何自而來。間有碧芙蓉香潔，菡萏偉於常者。載因暇日憑闌以觀，忽聞歌聲清響，若十四五女子唱焉，其曲則《玉樹後庭花》也。載驚惡既甚，遂剖其花，更無所有，即祕之。及載誅死，其家逸奴言其實。

奉天之讖

德宗因朱泚之變幸奉天。有知星者奏上曰：「逢林即住。」上曰：「豈可令朕處林木間乎？」曰：「不然，但以地名亦應也。」及奉天尉賈隱林謁上於行在，上觀隱林氣宇雄俊，兼是忠烈之家，而名亦應知星者語。上因延於臥内，以探籌略之深淺。隱林於御榻前以手板畫地，陳攻守之策，上奇之。隱林因奏曰：「臣昨夜夢日墜於地，臣以頭戴日上天。日，陛下也。陛下此來，事契前定。」奉天之難後果符於隱林之夢。

詩讖

澤潞有僧號普滿，隨意所爲，不拘僧相，或歌或笑，莫喻其旨。以言事往往有驗故，時人比爲萬回。或於佛舍中醉題詩數篇而亡去，但記一詩云：「此水連涇水，雙珠血滿川。青牛將赤虎，還號太平年。」朱泚、朱滔兄弟亂，乃知其讖。「此水」乃「泚」字；「涇水」，自涇州兵亂；「雙珠」，泚兄弟也；「青牛」，乙丑歲，乙木丑牛也。次年丙寅，乃丙火寅虎是也。

神仙術

順宗好神仙，聞有處士玄解，上召至，鬒髮童顔，氣息香潔。常乘一黄牝馬，纔高三尺，不啗芻粟，但飲醇酎；不施韁勒，唯以青氈藉其背。常遊歷青、兖間，與人語千百年事，歷如目擊。知其異人，遂令召入宫，處九華之室，設紫茭席，飲龍膏酒。上每日親自謁問，頗加敬仰，未嘗以君臣之禮相關。上因問曰：「先生春秋既高而顔色不衰，何也？」玄解曰：「家於海上，常種靈草食之，故得然也。」即於衣間出三年藥實，爲上種於殿前，沃以長安酒，覆以金盤，戒於帝曰：「慎勿令人開視。」經七日，令帝齋沐焚香，啟盤視之，靈草已成，異香芬馥。自帝之外，皆不與見。玄解請上隨心餌之，頗覺神驗，由是益加禮重。玄解一日辭歸東海，上未之許。遇宫中刻木作海上三山，采繪華麗，間以珠玉。因元日與玄解視之，上指蓬萊曰：「若非上仙，無由得及此境。」玄解笑曰：「三島咫尺，誰曰難及？臣雖無能，試爲陛下一遊，以探物象妍醜。」即踴體空中，漸覺微小，俄而入於金銀闕内。左右連聲呼之，竟不復有所見。上追憶歎恨，僅成羸疾，因呼其山爲藏真島，并焚鳳腦香以崇禮敬。旬日，青州奏云：「玄解乘黄牝馬過海矣。」

金玉屑化爲胡蝶

穆宗殿前種千葉牡丹，花始開，香氣襲人，一朵千葉，大而且紅。上每視必嘉歎曰：「人間未有！」後宫禁中，遇夜常有黄白蛺蝶計萬數飛集於花間，輝光照耀，達曙方去。宫人競以羅巾撲之，無有獲者。上令張網於空中，遂得數百，於殿内縱嬪御追捉以爲娱。遲明視之，則皆金玉片也。其狀工巧，無以爲比。而内人爭用絳縷絆其腳以爲首飾，夜則光起妝匳中。其後開寶廚，覩金屑玉屑將有化爲蝶者，宫中方覺焉。

雕木爲則劇術【一】

韓志和，本倭國人也，善雕木作鸞鶴鴉鵲之狀，飲啄動静，與真無異。以關戾置於腹中，矜之則淩雲奮飛，可高百尺，至二百步外，方始卻下。兼刻木作貓兒以捕鼠雀，何郎中異其機巧，遂以事奏，上覩而悦之。志和又雕蹋牀，高數尺，其上飾之以金銀采繪，謂之見龍牀。置之則不見龍，蹋則鱗鬣牙爪俱出。始進，上以足履之，而龍矯矯若得風雲之狀。上雖愛之，其心怖畏，遂令撤去。志和伏於上前曰：「臣愚昧，致有驚懼聖躬。臣願别進薄伎，稍娱至尊耳目，以贖死罪。」上笑曰：「所解何術？爲我作之。」志和遂於懷中出一桐木合，方數寸，中有物名蠅虎子，不啻一二百焉。其形皆赤云，丹砂啗之。乃令爲五隊，令舞《梁州》。上令召樂工舉其曲，而虎子盤迴宛轉，無不中節。每遇致詞處，則隱隱如

【一】則劇　原作「技劇」，清鈔本作「鳥技」，據《宛委别藏》本改。

蠅聲。及曲終，纍纍而退，若有尊卑等級。志和臂虎子於上前，獵蠅於數百步之内，如鷂捕雀，無有不獲。上喜其有可觀，賜以采帛銀盌。志和出宫門即轉以與人，後復詔志和，不知所在。

酒山紫海之異

南昌國有酒山，蓋山有泉，其味如酒，飲之甚美，醉則經月不醒。又有紫海，水色如爛椹，可以染衣，其龍魚、龜鼉、砂石、草木，無不紫焉。

黄金虵

開成初，宫中有黄虵。夜自寶庫中出，遊於階庭閒，光彩照灼，不可捡捕。宫人驚怪，擲珊瑚玦擊之【二】。如擊斷其首，熟視併玦失所在。明日，宫人具以事告。上令徧搜庫中【三】，乃得黄金虵，珊瑚玦貫其首。上熟視而思之，昔隋煬帝爲晉王時，以黄金虵贈陳夫人，不知此虵得自何處。左右因覩頷下有「麼」字，上蹶然曰：「果不失朕所言耶！阿麼，煬帝小字也。」上之博學敏悟，率多此類。遂命取玻璃連環繫於玉匙之前足，以匙能啗虵也。其後更不復見矣。

元藏幾滄洲遇仙

處士元藏幾，自言是後魏清河孝王之孫也。隋煬帝脱官奉信郎，大業元年爲誨使判官，遇風浪壞船，黑霧四合，同濟者皆不救，而藏幾獨爲破木所載，始經半月，忽達於洲島

【二】擊　原作「繫」，據唐蘇鶚《杜陽雜編》及清抄本改。

【三】上　原作「憲宗」，但與「開成」年號不符，據唐蘇鶚《杜陽雜編》改。

間。人問其來，則藏幾具以事對。洲人曰：「此乃滄洲，去國已數萬里。」乃出菖蒲花、桃花酒飲之，而神氣精爽焉。其洲方千里，花木常如二三月，地土宜五穀，人多不死。亦出鳳皇、孔雀、靈牛、神馬之屬。又産分蒂瓜，瓜長二尺，其色如椹，一瓜二蒂。有碧棗、丹栗，皆大如梨。其洲人多衣縫掖衣，又戴飛遊冠。與之話中華事，則歷歷在目前。所居或金闕銀臺，玉樓紫閣，簫韶之樂是奏，飲之以香露之醪。洲側有久視山，山下出澄緑水。其泉一百步，亦謂之流緑渠。雖投之金石終不沈没，故洲人以瓦鐵爲舟艦。又有良金池，可方數千里，水石沙泥皆如金色。其中有四足魚，有金蓮花，洲人研之如泥，彩繪光影，焕爛與真金無異，但不可入火而已。更有蓮莖出，其花如蝶，每微風則動摇如飛。婦人競采之以爲首飾，則語曰：「不戴金蓮花，不得到仙家。」又以强木造舟楫，其上多飾珠玉以爲遊嬉。强木，不沈之木，若方一寸，以百斤之石縋之，終不能没。藏幾淹駐既久，忽思中國。洲人遂製淩風舸以送之。激水如箭，不旬日即達於家。問其國，乃皇唐子孫，皆疏屬也。

羅浮先生

羅浮先生年數百，而顔色不衰。立於牀前，則髪垂至地；坐於暗室，則目光可見數丈。每採藥於深巖峻谷，則毒龍猛獸，往來衛護。或晏然居家，人有具齋邀之，雖一日百處，無不分身而至。或與人飲酒，則出一壺，才可容一二升，縱客滿座而傾之，彌日不竭。或他人命飲，即百斗不醉。夜則垂髪於盆中，其酒歷歷而出。麴糵之香，輒無減耗。及上召入内庭，遇之甚厚。及退，嬪御取金盆覆白鵲以試之。先生方休，忽起謂中貴人曰：「皇帝又令老夫射覆盆也。」中貴人皆不喻其言，果而上召令速至。而先生才至玉階，謂上曰：「盆下白鵲，願陛下早放。」上笑曰：「先生早知矣。」坐於御榻前，上令宮人侍湯藥。宮人有笑先生貌古布素者，而縝髮絳脣，年纔二八。須臾，忽變成老嫗，雞皮鮐背，髮鬢皓然。宮人悲駭，流涕上前不已。上知宮人之過，促令謝告先生。久而容質卻復如故。上因語京師無豆蔻花及荔支，俄頃，袖中出二花，皆連枝葉，各數百，鮮明芳潔，如新折下。又嘗賜食甘子，先生曰：「臣山中有者，味愈於此。」上曰：「朕無復得見矣。」先生遂以上前碧玉甌，以寶盤覆之，俄頃撤盤，即甘子至矣。芳香滿殿，其狀甚大。上食之，歎其甘美無比。

懿宗佳識

唐懿宗，其意度甚厚，形貌瓌偉。在藩邸時，疾疹方甚，而郭淑妃見黃龍出入於臥内，上疾愈。妃異之，具以事聞，上曰：「無泄是言，貴不相忘。」又嘗大雪盈尺，而上寢室上輒無分寸。諸王見者無不異之。

九玉釵

同昌公主九玉釵，上刻九鸞，皆九色，有小字曰「玉兒」。工乃巧麗，殆非人工所製。原其來，乃金陵人以獻。公主酬之甚厚。一日晝寢，夢絳衣女奴授語曰：「南齊潘淑妃取九鸞釵。」及覺，具以夢中之言言於左右。洎公主薨，其釵亦亡所在。左右因以語於人，或云潘妃小字玉兒也。

聞步輦香

中貴人者，一日同輩買酒，飲於廣化旗亭。忽相謂曰：「坐來聞香，何太異也！」同席曰：「豈非龍腦耶？」曰：「非也。余幼給事於嬪御宫，常聞此香。未知今日何由而致？顧問當鑪者。」遂云：「公主步輦夫以錦衣换酒於此也。」中貴人共視，益歎其異。

九花虬

安禄山僭亂，郭子儀有功，上因命御馬九花虬并紫玉鞭轡以賜子儀。九花虬者，即范陽節度李德山所貢。額高九寸，毛拳如鱗，頭頸騣鬣，真虬龍也。每一嘶則羣馬聳耳。以身披九花紋，故號九花虬。子儀知九花之異，固陳讓者久之。上曰：「此馬高大，稱卿儀表，不必讓也。」後復京師，上堅以馬賜之，所以崇功臣也。

卷六

禪林叢録

賀葉僧下山娶尼疏

鳩羅什方唱宗禪，石勒輒資其法種。摩登伽密持神咒，阿難果動其淫躬。摩登伽女事，見《楞嚴經》第二卷。若還超最上一乘，管取得箇中三昧。共惟好龍胄子，墜鵲外孫，葉僧乃張家甥。習孔習周，葉始作儒。期壯行其幼學；逃楊逃墨，覺今是而昔非。因禮拜頓悟伸骹，音敲，腳也。悔和尚幾成彈指。説甚無退轉，不如歸去來。世路多歧，須藉與權而蹋白；與權，行者名。先葉下山。愛河無底，且教太岳以識深。太岳，行者名，先歸俗。趯翻香火因緣，扶起蘋蘩祭祀。慮無後之爲大，知爲養之有時。二十年桎梏者寮，乃所居寺中寮名。惡時易過；千百度風流舊事，熟處難忘。非緣禮膝升肩，未肯開心見膽。不可思也，迨其謂之。雖難結髮成親，也且逢場作戲。況包氏周氏，尼本姓周，後隨師姓也。從來經卷分明；而藥師本師，在處針醫工巧。葉僧俗家能醫。袖搥兩下拈出，伐斧一上做成。莫非舊日家風，總是前生匹配。大迦葉笑翻牟尼佛，眼中花蕊大作麽生；觀世音嫁與馬家郎，手裏楊枝且拈放著。飛錫歸來無住相，步蓮移處穩雙棲。落柏信佳期，雨花徒爾幻。陽臺雨過，一班兩點上清淨身； 閬苑春濃，萬語千言出廣長舌。見佛子真相於龍華會上，講村人世法於獅子座前。手中甘旨，□不慮齏蔬； 肚裏雷鳴，也不關稀粥。此時童女，有如菩薩現前； 他日大兒，管取如來抱送。喜動萱堂之上，謡騰梓里之閒。歆教象弟釘船，惱得馬爺盪槳。弟有妻，父跛，名馬，故云。東山上討這話頭難得，畫圖中描這變相不成。儻餘白日工夫，重理青雲事業。但作官人朝九陛，勿拈束衲條兒； 若聞虞候報三更，休把念經篦子。自餘賀語，未易敷陳。

棄吏爲僧疏

法門四闢六通，任教揚擊； 愛網千纏萬縛，豈意脱身。從教日往月來，頻覓昨非今是。大木尊者便辭母，香求和尚急抛妻。等閒鐘鼓度朝昏，何必階墀還卯酉。文書休訴，從頭檢點佛書； 符印請歸，一任掌持心印。

化度牒疏

添丁一男子，猛拚了削髮披緇； 佐國八百緡，獨奈何易衣併食。欲成就這平生好事，須打破大檀越慳囊。若是員融，不著衆生相、壽者相、有我相； 直須樂施，共結見在因、過去因、未來因。

僧化結路建橋疏

這一條行路，乃萬代安津。殊塗同歸，舉足蹋著。只爲閒多濘泥，所以難濟往來；

直須高架横橋，庶得同登彼岸。卒乍間教一下手，好這一段話頭。衷私裏願我發心，須藉大家結束。無錢難爲作要，有鐵方可做鍼。用仗半句一言，自效善財童子；不憚千門萬户，皈投多寳如來。直下承當，管有歸著。紙糊門扇，絲縣也不通風；鐵鑄葫蘆，涓滴實無漏水。將見下盤基阯，鞏金石於千年；上□檐楹，跨虹霓於萬丈。作大方便，無上因緣。

了禪師與覺和尚下火

這漢是建州建陽措大。放下廖叔公手中短棒，脱除龐居士頭上烏紗，不以選官爲名，以選佛爲究竟。尋常室中問渠：「狗子無佛性？」渠云：「去不得，如銀山鐵壁相似。」今也銀山已摧、鐵壁已開。只解恁麽去，不解恁麽來【一】。恁麽去，則諸人皆見；恁麽來，則作麽生。假饒喫了大丸丹，不免髑髏百雜碎。

永長老與吏人下火

生平説條念貫，死後一場公案。今朝木匣盛來，卻教老僧判斷。已覺發未覺發，已結正未結正。我佛自來慈悲，一時並皆放散。

醉僧溺死與下火

生平波波劫劫，只愛甕頭春雪。今朝忽過趙州橋，卻去石根上踐滑。雖然隨波逐流，難免灰飛火滅。大衆還識這沙彌下落處麽？喝 明朝酒醒何處？楊柳岸，曉風殘月。

【一】不解　「不」原作「下」，據清抄本改。

崇薦龔老與傅磨下火姓吳

公年六十有九，作箇風流魁首。門迎珠履佳賓，坐列紅妝玉友。幾年弄色成空，一旦閒花費柳。今朝時節到來，未審作何分剖。吳公若向這裏分剖得下，涅槃無異路，生死共同塗。其或未然，壽山老漢，爲下注腳。良久云

五五相交不自知，任人呼喚不揚眉。鐵船渡海無蹤跡，寒食相逢有定期。

僧與妓弟下火

濃妝淡抹暗生塵，難買傾城一笑温。
弦管叢中消白日，綺羅帳裏醉黄昏。
生前徒結千人愛，死後誰憐一點恩。
惟有無情天上月，更闌人靜照幽魂。

崇和尚與妓下火

送汝上天堂，玉皇不待客。送汝入地獄，閻羅道九百。贈汝一把火，前路自擘劃。喝
須臾煙滅灰飛，莫念從前相識。

僧贊子母遭焚偈

夜深方鎖緑窗猴，魂逐莊周蝶夢遊。
恍惚有聲羅大患，□□□□□□□。

風回燄烈三更後，煙滅灰飛萬事休。子母不須長抱恨，火光三昧許同修。

居士夏月舉火

生也不道，死也不道，生死兩頭俱領過，即令撥轉上頭關。誰人且道是甚麽、是甚麽？爲説破、木人昨夜問三臺，拍手起來唱哩囉。某人醒則箇、灰飛煙滅事如何，雲聳奇峰千萬朵。

與女人舉棺

諸人還見麽，若也於斯見得。本無男女相，逃出死生關。截斷恩愛河，直到涅槃岸。其或未□□□□爲添個□□欲□□□□□□□不須身外覓善提，他家自有通霄路。

撒土

人假地水火風，不免生老病死。生時因土而生，死後復歸於土。只此土還知否？結而爲山、爲岳，散而爲州、爲府。在天則爲五行之中，在地則爲萬物之主。中央戊巳獨稱尊，何物不歸一點子？即今撒向此佳城，萬代兒孫由蔭注。貴者從兹貴，富者從兹富。奇山秀水盡來朝，吉曜善人常擁護。要知虚魄擬何歸，不涉一塵歸淨土。

祭逃禪虛一居士文

敬附壺山，以解脱香一炷，寄諸占城國未灰底木頭；以説心露一甌，寄諸北苑已規之靈草。拈獻逃禪，堂上告奠於大方廣翁虛一之靈。惟靈之來，一無所著；惟靈之去，一無所縛。傲睨乎萬物之遊，嬉笑乎山林之託。五十三年，築著翻卻。人皆謂虛一之死生，余獨謂虛一之信，往來之腳。春至水生，霜降水落。是即一水，作麼盈涸。一點英靈，萬古不錯。兹虛一無用之用，其諸用者，亘天地之寥廓。又何嗚呼，復何哀哉。

贊陳都院居士畫像字瑞友

瑞友寫出喜神，卻就居士覓讚。雖然一法元無，也且據款結案。幾多身在公門，只念別人條貫。唯公明眼難瞞，卻解自家判斷。跳出酒肉林中，藏經手不釋卷。時時方便門開，利益衆生無限。更有一著高人，雖佛亦難讚歎。咦！時人欲識舊龐公，便是如今這老漢。

雕佛餘錢度僧語

稽首千手千眼觀世音菩薩【二】，證果香山，現身南海。大慈悲而度衆生之厄，化手眼而救父王之恩。救苦尋聲，現身設法。瞻仰者罪消塵劫，持念者福聚河沙。凡有皈依，必蒙殊勝；欲雕聖像，須藉檀那。垂隻手以共轉法輪，爲十方而作大佛事。每成半臂，總化一千。妝嚴紫金色身，成就白玉毫相。所餘財賄，願結僧緣。用資地上布金人，方了殿

【二】稽首　「首」原作「手」，據清抄本改。

前剗草意。若得一時喜捨，便教兩處員成。不唯菩薩相無倫，抑使比丘身得度。欲了向上事，須是箇中人。

馮相坐禪

近代馮相於中書退朝之暇，未始不以坐禪爲念。故天下萬口一辭，遂以馮長老之名歸之。況馮相平日自有詩曰：「公事之餘喜坐禪，少曾將脇到牀眠。雖然現出宰官相，長老之名天下傳。」

校勘記

卷七

平康巷陌記

平康總序

平康里乃諸妓所居之地也。自城北門而入，東迴三曲。妓中最勝者，多在南曲。其曲中居處，皆堂宇寬靜，各有三四廳事。前後多植花卉，或有怪石盆池、左經右史、小室垂簾、茵榻帷幌之類。凡舉子及新進士、三司幕府，但未通朝籍、未直館殿者，咸可就遊，不吝所費，則下車水陸備矣。其中諸妓多能文詞、善談吐，亦平衡人物，應對有度。及膏粱子弟來遊者，僕馬繁盛，宴游崇侈，以同年俊少者爲兩街探花使。有登甲乙第者，關送天官氏設春闈，（天官氏，禮部侍郎。）近年多延至中夏。新貴眷戀，狂游稍久。京中妓籍屬教坊。凡朝士有宴聚，須假諸曹署行牒，然後致於他處。唯新進士設團，雇吏便可牒取。取其所辟之資，則可倍於常價。

中曲者，散樂雜班之所居也。夫善樂色技藝者，皆其世習。以故絲竹管弦、豔歌妙舞，咸精其能。凡朝貴有宴聚，一見曹署行牒，皆攜樂器而往，所贈亦有差。暇日羣聚，金蓮棚中各呈本事，來觀之者皆五陵年少及豪貴子弟。就中有妖豔入眼者，竢散，訪其家而宴集焉。其循牆一曲，卑下凡雜之妓居焉。三曲所居之妓繫名官籍者，凡官設法賣酒者，以次分番供應。如遇併番，一月止一二日也。

序妓子母所自

諸妓所指占廳事，皆用彩板以記國忌日。妓之母皆假母也，京師俗呼爲「爆炭」，不知其因，意者以難姑息故耳。以妓色蒼、狡悍者爲之。諸女自幼丐育，或傭其下里。傭，雇也。貧家常有無無之賴，潛爲漁獵。亦有良家子，爲其家聘之，後以轉求厚賂，誤纏其中，則無以自脱。且教之歌，久而賣之。其日賦甚急，微涉退怠，鞭撲備至。年及十二三者，盛飾衣服，即爲娱賓之備矣。皆用假母姓，從便呼以女弟、女兄爲之第行。諸母亦無夫，其未甚衰者，悉爲諸郎將輩主之。或私蓄侍寢者，不以夫禮待。多有游惰者，於三曲中而爲諸媪所養，俗呼爲「廟客」，不知何謂。

妓期遇保唐寺

諸妓舉止，與諸州府飲妓大不侔矣。然其羞匕筯之態，勤參請之儀，或未能盡去也。此里之角妓，則對公卿與舉子，共自如也。俟其升朝，始爲參禮。此曲諸妓，以其出里艱難，每遇南街保唐寺有講經之便，多以旬之八日相率聽講。賢者皆納其假母一緡，然後得出。其他所，必因人而遊也。或措大與之同行，則須爲下牒而納資於假母。故保唐寺每月三八日，士子極多，蓋有期於諸妓也。同歸每席以五鐶爲率，繼燭則倍之。此略言其小小者，至於盛設芳筵，則有不可勝計。

詩贈團兒二女

王團兒居前曲第一家也，朝官多居此里。團兒有二女，長曰福娘，字宜之，甚潔白，丰約合度【一】，談話清雅，且有體裁。崔侍郎儋嘗於座上贈詩曰：「怪得輕風送異香，娉婷仙子曳霓裳。唯憂錯認偷桃客，曼倩曾爲漢侍郎。」儋時爲内庭户部侍郎。次曰小福，字能之。能之風姿亦甚聰慧。予在京時，群從少年同習業或倦悶時同詣此處，與二福環坐，清談雅飲，尤見風態。予嘗贈宜之詩曰：「采翠仙衣紅玉膚，輕盈年在破瓜初。霞杯醉喚劉郎睹，雲髻慵邀阿母梳。不怕寒侵緣帶寶，每憂風至倩持裾。謾圖西子晨妝樣，西子容華怎得如。」因此得詩甚多，頗以此詩爲稱首。宜之後於窗左泥紅牆請余題詩，且戒之曰：「無甚豔逸。」予因題三絶，如宜之自述云。其一云：「移避回窻費幾朝，指環偷解博蘭椒。無端鬥草輸鄰女，便被拈將長步摇。」其二曰：「寒繡紅衣餉阿嬌，新團香獸不禁燒。東鄰起樣裙腰闊，賸蹙黄金線一條。」其三曰：「試共卿卿戲語麤，畫堂連遣侍兒呼。寒肌不耐黄如意，白獺爲膏郎有無。」題詩後尚有餘壁未題。翌日詣之，忽見自以玉管題詩曰：「苦把詩章邀勒人，吟看好箇語言新。雖然不及相如賦，也直黄金一二斤。」宜之每遇宴集之際，常慘然悲鬱，如不勝任，久而不已。靜而詢之，乃曰：「妾安能鬱鬱久居此

【一】丰約　「丰」原作「卡」，據唐孫棨《北里志》改。

耶？託身無主，每自思之，得不爲之悲歎。」他日，密以紅牋授予，乃詩曰：「日日悲傷未有圖，嬾將心事託凡夫。非同覆水因收得，只問郎君有意無。」余未答。宜之含淚曰：「妾名不係於官籍，儻蒙君子不鄙賤陋，費用妾自爲之。」余因謝之曰：「甚愜所欲。但家有嚴君，亦非舉子所爲。」宜之低眉泣下，不復有言。自後情意頓薄。其夏，余西之洛陽，再集宴於宜之家。酒酣，數相屬曰：「此歡難於再會。」嗚咽而別。冬初還京，果爲豪家之子主之，不復可見。至明年上巳，因與親朋修禊曲水，聞林棚絲竹，因而視之，見宜之在焉。因於棚後候其女奴而詢之，乃曰：「張街使郎君置宴。」曲中諸女多爲富豪輩，日輸一緡於假母，謂之「買斷」。但未免官使，不復私接賓客也。須臾，見女奴復在棚後，私謂予曰：「來日可到前曲街使門首。」詰早詣其里，果見宜之在門。予立乘與語。宜之團紅巾擲余，即別視之，乃詩云：「久試恩情欲託身，已將心事再三陳。蓮根既没移栽分，今日分飛莫恨人。」余覽之，悵然而已。

詩贈趙降真

趙降真住於曲中，善談謔，能文詞，常爲飲筵之最。姿容雖常常，但醞籍不惡。時賢推尚之，因增其聲價耳。鄭仁表席上贈詩曰：「嚴吹如何下太清，玉肌無暑五銖輕。雖知不是流霞酒，願聽雲和瑟一聲。」

島仙少有詩名

島仙字清卿，蓬仙之女弟也。素爲三曲之尤，而又辯惠，往往有詩句可稱。爲女兒時，爲新月詩，有「待得團員時候，樽前問這時節」之句。後爲萬年縣郭進思所納，置於他所。島仙在倡中，狂劣特甚。及被拘繫，未能息心。進思又主繁務，而有正室，到島仙處亦稀。每有舊相識經從其門者，多於窗隙閒招呼，或使人詢訊，亦以巾賤送遺。

舉舉善辯

鄭舉舉居曲中，常與趙降真善，亦喜琴瑟，而膚體充博，貌非品流，但巧談諧，亦爲朝士所眷。時有名賢醵宴來訪，王致君、趙崇等皆在席。鄭禮臣初入内庭，矜誇不已。致君諸人皆不能對，甚減歡笑。舉舉知之，乃下籌指禮臣曰：「學士言語，毋乃得色。然學士雖一時清貴，亦在人耳。至如李鷺音隻、劉承雍亦常爲之。又豈能增其聲價耶？」致君等躍起，喜不自勝。禮臣因引滿自飲，更不復言。於是極歡，及暮而罷。致君各出采帛以贈。乾符五年，孫渥爲狀元，與同年多訪其館。預盟不至者，且有罰金之約。一日，同年魯應之不獲預席，狀元行罰。魯乃置詩於孫狀元曰：「未識都知面，頻輸復分錢。苦心親筆研，得志助金鈿。徒步爲春賦，持杯給暮饘。力微多謝病，非不奉同年。」應之雖有詞藝之名，無操守之譽。同年非舊識，必辭力窘，不遵狀元罰金，故爲此詩。曲中名妓之頭角者，爲「頭知」，又名「都知」，謂其分管諸妓名籍追名。當時鄭舉舉、趙降真即都知也。曲中常價，每妓一席四鐶，見燭即倍。新郎君又倍其數，故云復分錢也。凡席常數妓佐之。

因娘輕率

因娘亦輩流中翹楚，而輕率駃猾，唯喜以手傷人肌膚。夏侯澤以甲科及第，與同輩訪於因娘。因娘設宴尤盛，而澤性亦疏率，不拘言語。或因醉戲之，爲因娘傷其面頗甚。明日期集，師門同年多竊視之。澤乃抗聲曰：「昨因訪因娘，戲傷澤面。」同年皆愕然，主司低首而哂，不能舉者久之。

常兒詩箋

常兒姓王，善詩箋，好讀書，喜與能文之士談論。有太學生李致主往來其家。後致主登科得仕，榮歸作詩以別常兒云：「魚鑰獸環斜掩門，萋萋芳草憶王孫。醉憑青瑣窺韓壽，閒擲金梭惱謝鯤。不夜珠光連玉匣，辟寒釵影落瑶尊。欲知明慧多情態，莫役江淹别後魂。」常兒即和其詩題於壁云：「長者車塵每到門，長卿非慕卓王孫。定知羽翼難隨鳳，卻喜波濤已化鯤。嬌别翠鈿黏去袂，醉翻金雀碎殘尊。多情那更多離别，毋惜音書慰斷魂。」

校勘記

【一】歆慕　「歆」字原脱，據宋羅燁《醉翁談録》補。

卷八

平康巷陌記

德奴家燭有異香

楊德奴，南曲第五家居焉，頗爲名輩歆慕【一】。屬年華尚少，甘自退居。所居最寬潔，賓客翕然而至。其長女曰蓬仙，其爲人心懷洒落，精神澹竚，似非塵俗中人。尋常舉止亦自潔雅，由是見者多慕愛之。吴德遠新第，年甚少，來訪蓬仙，一見猶未深知蓬仙之隆貴。蓬仙亦以德遠聰悟俊少，甚相知敬。及其芳筵一啟，水陸備陳。及暮，高燒銀燭，長燄熒煌，座間忽聞香氣逼人，盈室不識其香之所自來。因詰德奴，始知其香發自燭中。「此燭乃燕王府分賜，聞自外國所貢。御賜諸王府，因以相遺。妾故珍藏，今遇新郎君，敬以佳瑞爲獻。」徹夜清芳，蓬仙歡洽，舉觴起舞，以勸德遠。及宴散，燭灰而香氣終不少滅。明日出遊，所至無不嗟異德遠身之餘馥。乃知京華妓館，富貴繁華也如此。至今人有唱云：「過平康巷陌、綺羅叢，贏得佳人妙舞豔歌，爭勸金鍾」之詞者，乃德遠當時題蓬仙壁上之句。

令賓能詩筆

顔令賓居南曲角，舉止風流，好尚甚雅，亦頗見稱於時。喜與筆研相親，善草書，見詩書者必盡禮祗奉，多乞詩詞於士大夫，常滿箱篋。後以疾且甚，值春景時和，命侍女持坐於階前，顧落花長歎數四，因索筆强題詩云：

氣餘三兩喘，花賸兩三枝。話別一尊酒，相邀無後期。

因教小童曰：「爲我持此詩，出宣陽、親仁坊，凡逢見新及第郎君及舉人，即呈之，云『曲中顔家娘子扶病奉候郎君』。」因令其家設酒果以待。須臾，至者數人，各令盡飲。至暮，涕泗持別曰：「我不久矣。若愛我，幸爲哀挽以送。」尋卒。士夫持至數封，其母拆視之，皆哀挽之詞。擲之於地曰：「能救我朝夕耶？」其鄰有張□□□□□□□因取挽歌數篇，教挽匶者唱之，聲甚悲愴。其一哀章云：

昨日尋仙子，輀車忽在門。人生須到此，香魄竟難論。客至皆連袂，誰來爲鼓盆。不堪衿袖上，猶帶舊眉痕。

其二挽章：

殘春扶病飲，此席最堪傷。夢幻一朝事，風花幾日狂。孤鸞徒舞鏡，雙燕嬾歸梁。厚意雖全展，含酸奠一觴。

其三挽章：

奄忽那如此，夭桃正吐春。捧心還動我，掩面託何人。溼露誰歌薤，逝川寧問津。臨喪應有主，宋玉在西鄰。

蘇蘇和詩譏進士

王蘇蘇在南曲中，屋室寬博，庖饌有序。姊妹數人，亦頗善諧謔。有進士李標，久在王大諫門下。暇日，因與大諫弟姪同往訪焉。飲次，標題其窗，詩云：

春暮殘花繞户飛，王孫尋勝引塵衣。門中仙子多情態，留住劉郎不放歸。

蘇蘇先未與李標識面，不甘其題，因謂之曰：「阿誰留郎君？莫亂道。」取筆繼之於後，詩曰：

怪得犬驚雞亂飛，羸童瘦馬老麻衣。阿誰亂引閒人到，留住青蚨熱趕歸。

標性褊，頭面通赤，命駕先歸。後蘇蘇見王家郎君即戲詢曰：「熱趕歸漢在否？」

妓因得詩增重

劉泰娘，南曲之北巷小家女也。彼曲素無高遠者，人不知之。春日上巳，忽於慈恩寺前見曲中諸妓同遊曲江，集宴寺側。下輦而行，年齒甚妙，容色不凡。一時遊人甚重，爭往詬之。問其妓，詰之以居，乃知其爲泰娘。門前獨有樗樹。予未幾遇雨，諸妓分散。至暮，予有事北去，因經泰娘之門，適遇泰娘返舍，予因過之。舉筆題其舍窗，詩曰：

尋常凡木最輕樗，今日尋樗桂不如。一自品題人去後，定多長者往來車。

後士貴聞之，皆結駟於門矣。聲名由是增重。

潘瓊兒家繁盛

潘瓊兒，字琢玉，居南曲中。積資萬計，三曲諸娼家之富盛者終難及也。凡服飾器皿，上埒朝貴。紹聖間，閬州有華姓者一舉登科，雙親未老。榮來廷對，唱名才畢，與同年來游瓊兒之家。車馬榮耀，僕從甚多，曲中一時名妓亦皆歆羡。潘一見其才華之美，開華宴，設盛饌以待之。凡樂籍之家，皆居於潘家之側。一呼紛至，每舉盞次【二】，皆有樂色百戲佐之。及酒闌，夜已三更矣。華乃款留【三】。兩意歡洽【四】。明日【五】，徐遣僕從取白金以至【六】，因授瓊兒曰：「當爲我設一席。」【七】潘計其直才百餘緡，笑與華曰：「兒家凡遇新郎君肯訪蓬舍，曲中香火姊妹則必醵金來賀。此物麤足以爲夜來佐樽利市之費，徐設芳宴未晚。」因呼咸至，支費各有等差，所餘無幾矣。華見瓊兒費用奢廣，心爲之驚。私令其僕出而復至，報曰：「今日狀元期集相國寺【八】，從爲曲江金明池之遊。」華因得託故而出。潘後雖數遣人召之，而華終不復到其所，潘亦不爲之介懷也。是知平康妓館實繁華之地，非可容易遊賞也。

惜惜鍾情花月

（下闕）

【二】一呼紛至每舉　六字原脱，據宋羅燁《醉翁談録》補。

【三】酒闌夜已三更矣華乃款留　以上十一字原脱，據宋羅燁《醉翁談録》補。

【四】兩意歡洽　原文作「意歡□洽」，據宋羅燁《醉翁談録》刪補。

【五】明日　「日」字原脱，據宋羅燁《醉翁談録》補。

【六】徐遣僕從取白金以至　「遣」及「白金以至」五字原脱，據宋羅燁《醉翁談録》補。

【七】當爲我設一席　「當」原作「常」，據宋羅燁《醉翁談録》補

【八】相國寺　清抄本及宋羅燁《醉翁談録》作「慈恩寺」。

跋

右《醉翁談録》六卷，宋嘉定閒金盈之撰。盈之不知何許人。是書亦簿録家所未載。即本朝錢塘沈嘉轍輩《雜事詩》引用最爲賅備，初無一語及之。故或疑爲近人僞託，理或然也。録中詩文胥近淺陋，而《平康巷陌記》撏撦唐孫棨《北里志》原文。「予」「我」諸字皆率行襲用，幾于不去葛龔矣。辛亥春正月，假知不足齋藏本録校畢，因書數語於後。松陵楊復吉識。

跋

右《醉翁談録》八卷，宋金盈之撰，舊鈔本。此書見於《千頃堂書目》、《孴經室經進書目》、《郘亭經眼録》。書凡八卷，阮文達公進呈五卷。此本有吴江楊列歐復吉跋，以爲近人僞託。鈞衡細讀一過，再取巴陵方氏藏本校之。盈之仕履止見本書署銜，亦不知何許人。以南宋人述北宋汴京事，頗爲纖悉。《夢華録》但述官事，而民閒風俗不如此書較詳。異聞、叢録兩類，小説中亦多有之。其中述唐事過多，《平康巷陌記》大半掇拾《北里志》，爲人所疑。然觀目録中上巳游曲江，書中實指金明池。小注云：「金明池、金水河、瓊林苑三事，見《教坊記》詳載。」後文未見。則平康巷陌是記汴京平康，非長安之平康。尚存《潘瓊兒家繁盛》一條，《惜惜鍾情花月》一題，爲《北里志》所無。是此書殘缺，後人誤以《北里志》補之；或所采唐時各事，亦系補綴。列歐之疑，未免太過。然雜糅至此，人言亦自致矣！癸丑四月，烏程張鈞衡跋。

⊙應　俊輯補

琴堂諭俗編

儲玲玲　整理

點校説明

《琴堂諭俗編》二卷，應俊輯補。應俊，號東野，台州臨海（今浙江臨海）人。嘉熙二年（一二三八）進士。景定年間歷宜豐、新昌令，後知處州。本書係應俊輯鄭至道、彭仲剛二令之書爲一編，而又爲之補論。全書分《孝父母》、《友兄弟》、《教子孫》、《睦宗族》、《恤鄰里》、《重婚姻》、《正喪服》、《保墳墓》、《重本業》、《崇忠信》、《尚儉素》、《戒忿爭》、《謹户田》、《積陰德》十四篇，大抵采摭經史故事關於倫常日用者，旁證曲喻，以示勸戒，故曰《諭俗》。文辭淺近易明，可以家諭户曉。原本書末《擇朋友》一篇，是元人左祥於天曆二年（一三二九）增入，今删之。

本書現存版本稀少，本次整理以文淵閣《四庫全書》本爲底本，并參考了相關的資料。

序

昔鄭、彭二令君知鄉邑時作也。大意在於先教化、後刑罰，使風俗知勸，人皆爲士君子之歸。然世之作邑者，往往困於文書之期會，窘於財賦之煎熬，齊民之道，惟知有刑罰而已，奚暇以教化爲先務哉？如二令君之待斯民，亦可謂仁也已。余學製宜豐，每念無以及人，而人之相欺、相陵、相鬭、相奪、相戕賊、相詆訐，以唆教作生涯，以脅持立門户，風俗之弊，視鄭君所謂違理逆德之事，彭君所謂乖爭之端，情態萬狀者，殆有甚焉。因歎曰：天生烝民，有物有則。民之秉彝，好是懿德。斯民之生，未嘗無良心也，其所以陷溺其良心，不好德而好訟者，蓋亦刀筆之習相帥成風而不自覺耳。余公退之暇，遂取舊編附益之，以前言往行以廣二令君未盡之意。凡以訟來者，隨其事示之，間有感悟，然猶慮不能家至户曉，乃捐俸刻梓以傳，使爾民之於家庭、於族里、於親戚朋友遞相訓告，率而行之。勿狃故習，勿犯非法，但可以遷善而遠罪，即可以昌門户而益子孫，所爲不昧天，亦不違此，可謂自愛其身者矣。爾民幸聽，毋忽諸。辛酉秋，瑞芝亭長天台應俊書。

卷上

孝父母

父兮生我，母兮鞠我。拊我畜我，長我育我。顧我復我，出入腹我。欲報之德，昊天罔極。故孝子之事親也，居則致其敬，養則致其樂，病則致其憂，喪則致其哀，祭則致其嚴，所以爲厚德之報也。昔者，周文王爲子事父王季，每日鷄初鳴，衣服至寢門外，問左右曰：「今日安否何如？」左右曰安，文王乃喜。及日中又至，亦如之；及莫又至，亦如之。其有不安節，則左右以告文王，文王色憂，行不能正履。王季復膳，然後亦復初。凡食上，必自視寒暖，食下，問所膳，然後退。其後武王文王子也。亦如此事文王，不敢有加焉。然則不孝其親而欲子孫事我以孝，豈可得也？昔，原穀祖父年老，父母厭惡之，意欲棄之。穀年十五，涕泣苦諫，父母不從，乃作輿舁棄山中。穀乃隨收輿歸。父謂之曰：「爾焉用此凶具？」曰：「穀恐後父老不能更作得，是以收之耳。」父感悟愧懼，乃載祖歸侍養，尅己自責，更成純孝。穀爲純孫。出《孝子傳》，見《太平御覽》。楚諺曰：伯勞食母，代代相承。前漢石奮爲上大夫，老歸於家，其子石建爲郎中令，已老白首，每五日一歸省親，入諸子之舍，問侍者取其親中衣，身自洗濯，復與侍者，不敢令其親知之。夫貴者之事親猶如此，况於賤者乎？晉王祥性至孝，繼母朱氏不慈，每使掃除牛下，祥愈恭謹。父母有疾，衣不解帶，湯藥必親嘗。母常欲生魚，時天寒冰凍，祥解衣將剖冰求之，忽有雙鯉躍出，持之而歸。母又欲黄雀炙，復有雀數十飛入幕中，因取以供母。其孝誠所感如此。雖然，此言其能養父母者也，孝之道，又不止於能養而已。故孟子曰：「惰其四肢，不顧父母之養，一不孝也。博弈好飲酒，不顧父母之養，二不孝也。好貨財，私妻子，不顧父母之養，三不孝也。從耳目之欲，以爲父母戮，四不孝也。好勇鬬狠，以危父母，五不孝也。」曾子亦曰：「居處不莊，非孝也。事君不忠，非孝也。涖官不敬，非孝也。朋友不信，非孝也。戰陣無勇，非孝也。五者不遂，灾及其親，敢不敬乎？」《孝經》曰：「居上而驕則亡，爲下而亂則刑，在醜而爭則兵，三者不除，雖日用三牲之養，猶爲不孝也。」如此則所謂孝者，又貴乎修身謹行，不辱其先，非獨養口腹而已。今爾百姓，父母在則私分異財，離居各食，從妻子之言，忘天性之愛。且《禮》曰：父母在，不有私財。又曰：子甚宜其妻，父母不悦，則出之。子不宜其妻，父母曰：是善事我，子行夫婦之禮，没身不衰。然則私貨財，順妻子，豈爲孝乎？鄭至道原編。

鄭君此篇，《諭俗》之第一事也。先之以《詩》、《禮》，所以勸其爲孝也；繼之以典刑，所以戒其不孝也。夫五刑之屬三千，罪莫大於不孝。然世固有不孝之人，而未嘗受不孝之刑者，何也？渝川歐陽氏嘗論之曰：父母之心，本於慈愛，子孫悖慢，不欲聞官。謂其富貴者恐貽羞門户；貧賤者亦望其返哺。一切含容隱忍，故不孝者獲免於刑。然父母吞聲飲恨之際，不覺怨氣有感，是以世之不孝者，或斃於雷，或死於疫，後嗣衰微，此皆受天刑也。嗚呼！王法可幸免，天誅不可逃！爲人子者可不孝乎？昔宋武帝春秋已高，每拂旦朝繼母蕭太后，未嘗失時刻。漢太尉胡廣年八十，繼母在堂，朝夕必省瞻，旁無几杖，言不稱老。近世陜州夏縣蘇慶文，事繼母以孝聞，常語其婦曰：汝事吾母，小不謹必逐汝。繼母少寡而無子，由是安其室終身。彼爲帝王尚如此，況士民乎？彼事繼母尚如此，况生母乎？雖然，父母慈愛而子孝，此常事也；唯父母不慈愛，而子孝乃可稱耳。舜之所以獨稱爲大孝者，以父頑母嚚，而克諧以孝也。蓋天下無不是底父母。父有不慈，而子不可以不孝。彼不孝其親者，常始於見其有不是處耳。漢薛包好學篤行，父娶後妻而憎包，分出之。包日夜號泣不能去，至被毆杖，不得已廬於舍外，旦入洒掃。父怒又逐之，乃廬於里門，晨昏不廢。積歲餘，父母慙而還之。爲人子者不幸，而事難事之親，則於舜與薛、包之事，可不勉而師之乎？應俊續編。

友兄弟

兄弟者，同受形於父母，一氣所生，骨肉之至親者也。《老泉族譜》引：兄弟其初一人之身也。《詩》曰：「凡今之人，莫如兄弟。死喪之威，兄弟孔懷。」言死喪則相恤也。晉咸寧中大疫，庚衮二兄俱亡。次兄毘復危殆，癘氣方熾，父母諸弟皆出次於外，衮獨留不去。諸父兄强之，乃曰：「衮性不畏病。」遂親自扶持，晝夜不眠，其間復撫柩哀臨不輟，如此十有餘旬。疫氣既歇，家人乃反，毘病得差，衮亦無恙。又曰：「脊令在原，兄弟急難。」「兄弟鬩于牆，外禦其侮。」言患難則相救也。後漢姜肱兄弟遇盜，更相爭死，遂兩釋焉。既至郡中，終不言盜，盜聞而感悔，後乃就精廬求見，徵君謝罪。趙孝弟禮爲賊所得，將食之，孝自縛詣賊，曰：「禮瘦不如孝肥。」賊曉其意，俱舍之。晉索靖子琳，字巨秀，舉秀才，除郎中，嘗報兄之仇，手殺三十七人，時人莫不壯之。衛宣公有子二人，曰伋、曰壽。伋被譖，宣公遣往齊，使盜待於路，欲殺之。壽知以告伋，使勿去。伋曰：「棄父之命，不可。」壽遂先行，爲盜所殺。伋後至，曰：「壽何罪？請殺我。」盜又殺之。故詩人作《二子乘舟》之詩，思之也。毛氏曰：伋，宣公之世子。宣公爲伋娶齊女而美，公奪之，生壽及朔。朔與母愬伋於公，公令伋之齊，使賊先待於隘而殺之。壽知之以告伋，使去之。伋曰：「君命也，不可以逃。」壽竊其節先往，賊殺之。伋至曰：「君命殺我，壽有何罪？」賊又殺之。真文忠公曰：利莫大於得國。觀夷齊之相遜，則區區土田、金幣何足校？害莫大於殺身，觀伋、壽之更相爲死，則利害得喪之微，尤不足言矣。張宣公曰：叔齊之讓伯夷，以爲伯夷之長當立，無兄弟之義而何以爲國乎？伯夷之不受國，以爲叔齊之立，父命也，無父子之義而何以爲國乎？二子者，寧失國而存此矣。伯夷、叔齊，孤竹君之子。晉王祥、王覽，異母兄弟也。母朱氏待祥不慈，祥被楚撻，覽年數歲，輒涕泣抱持之。朱氏屢以非理使祥，覽輒與俱。又虐使祥妻，覽妻亦往共之。朱氏患之，乃止。又嘗使人以毒酒殺祥，覽知之與祥爭酒飲，朱氏遂奪之。自後朱氏與祥饌，覽必先嘗。夫異母兄弟猶如此，況同母乎？

南唐江州陳氏，七代同居，族人數百口，每食鋪廣席，以次就坐。有畜犬百餘，共食一槽，一犬不至，餘犬爲之不食。禽獸猶如此，况兄弟乎？今爾百姓不明禮義，悖逆天性。生雖同胞，情猶秦越。居雖同室，迹如路人。豈知兄弟之義哉？後漢薛包好學篤行，弟子求分財異居，包不能止，於是中分其財，奴婢引其老者，曰：「與我共事久，若不能使也。」田廬取其荒頓者，曰：「吾少時所理，意所戀也。」器物取朽敗者，曰：「我素所服食，身口所安也。」弟子數破其産，輒復賑給。嗚呼！兄弟叔姪之不和，皆因於爭財之不平，使能少慕薛包之風，豈復有爭也哉？鄭至道原編。

鄭君此篇《諭俗》之第二事也。先之以死喪孔懷，欲其兄弟之相恤也；繼之以急難禦侮，欲其兄弟之相救也。然觀《常棣》之末章曰：「妻子好合，如鼓瑟琴。兄弟既翕，和樂且湛。」夫《常棣》燕兄弟之詩也，其言乃先妻子而後兄弟，何也？蓋兄弟之不和，每起於妻子之離間，故顔之推論兄弟曰：「方其幼也，父母左提右挈，前襟後裾，食則同案，衣則傳服，學則連業，遊則共方，雖有悖亂之人，不能不相愛也。及其壯也，各妻其妻，各子其子，雖有篤厚之人，不能不少衰也。」《柳氏家訓》亦曰：人家兄弟，無不義者。盡因娶婦入門，異姓相聚，爭長競短，漸漬日聞，偏愛私藏，以至背戾分門割户，患若賊讎，皆汝婦人所作。男子剛腸者，幾人能不爲婦言所惑者，鮮矣。近世三衢袁氏《世範》亦曰：人家不和，多因婦女以言激怒其夫及同輩。蓋婦女所見不廣不遠，不公不平。又有所謂婦姑、妯娌皆假合，强爲之稱呼，非自然天性。故輕於割恩，易於修怨。非丈夫有遠識則爲其役而不自覺，一家之中乖變生矣。於是有親兄弟子姪隔屋連牆，至死不相往来者；有無子而不肯以猶子爲後者，有多子而不以與兄弟者；有不邺兄弟之貧，養親必欲如一，寧棄親而不顧者；有不邺兄弟之貧，葬親必欲均費，寧留喪而不葬者。嘗見有遠識之人知婦女之不可諫誨，而外與兄弟相愛，常不失歡，私救其所急，私賙其所乏，不使婦女知之，亦可謂善處妻子兄弟之間者。隋牛弘爲吏部尚書，弟弼嘗醉射殺弘駕車牛，弘還宅，其妻迎謂曰：「叔射殺牛。」弘聞無所怪問，直答曰：「作脯。」坐定，其妻又曰：「叔射殺牛，大是異事。」弘曰：「已知。」顔色自若，讀書不輟。唐平章事韓滉有幼子，夫人柳氏所生也。弟湟戲於掌上，誤墜而死。滉禁約夫人勿悲啼，恐傷小郎意。爲兄如此，豈妻、妾他人所能間也？然亦有婦人之賢而召兄弟之和者。昔汝敦與兄同居，有祖財物，兄嫂必欲得之，形於辭色。敦妻勸敦盡遜田宅奴婢與兄，自出別居，但分荒園數畝。後耕園得金一器，敦以示妻，妻曰：「本言遜兄，此亦祖物，願歸還。」敦於是與妻賫金器共往還兄。嫂初不知来意，以爲假貨，有不悦之色。及見金器，踴躍欲留之。兄惻然感悟，即逐其妻，遂與弟合居焉。世有因妻子而失兄弟之義者，亦可以爲鑒矣。應俊續編。

教子孫

人有子孫，不問富貧貴賤，皆不可以不教也。《臨江傳》：侍郎之甥孫吴氏，大理寺丞之孫女也，能崇義方，用詩禮導其子。嘗謂其夫鄒國俊曰：「家雖貧不可不擇師，得師不可不加敬。」南齋先生傅聘君爲誌其言而繫以銘曰：「儒家學脉，擇師爲先，得師知敬，子學必賢。師得其人，世世勿怠。此脉相傳，如親常在。」蕭秘丞兄弟書此銘，謂可爲世俗延師教子之法。所謂教者，非徒誦讀之謂也。大要使之識道理，顧廉恥，不作非法，不犯非禮，以盡人道而已。古之人子，未生固有胎教，况已生乎？劉向《列女傳》：「古者婦人姙子，寢不側，坐不邊，立不蹕，不食邪味。割不正不食，席不正不坐，目不視邪色，耳不聽淫聲。夜則令瞽誦詩，道正事。如此則生子形容端正，才德必過人矣。故姙子之時，必謹所感，感於善則善，感於惡則惡。人生而肖萬物者，皆其母感於物，故形音肖之。」范蜀公《東齋記》宋君垂言嘉陵江上，見二鶻擲卵相上下以接之。江上人云教卵習飛也。其胎教之義乎？俊謂鶻禽也尚知教子可以，人而不如鳥乎？司馬公《家範》曰：「子始生求乳母，必擇良家婦人稍温謹者，乳母不良，非惟敗亂家法，兼令所飼之子性行亦類之。」子始生未有知，固舉以禮，况已有知乎？《韓詩外傳》：孟子幼時，問東家殺猪何爲？母曰：欲啖汝。既而悔曰：吾聞古有胎教，今適有知而欺之，是教之不信也。乃買鄰猪肉食之。《説苑》：「父母正，則子孫孝慈。」孔子家兒不識怒，曾子家兒不識罵，爲人父者當知此義。故顏之推論教子之道有曰：「當及嬰孩，識人顏色，知人喜怒，便加教誨，使爲則爲，使止則止。比及數歲，可省笞罰。父母威嚴而有慈，則子女畏謹而生孝矣。吾見世間無教而有愛，每不能然。飲食云爲，恣其所欲，宜誡翻獎，應訶反笑，至有識知，謂法當然。驕慢已習，方乃制之。捶撻至死而無威，忿怒日隆而增怨。逮於成長，終爲敗德。孔子云：少成若天性，習慣如自然。」俗諺曰：「教婦初来，教兒嬰孩。」誠哉斯語。司馬温公《家範》曰：人之愛子者多曰：兒幼未有知耳，俟其長而教之。是猶養惡木之萌芽，曰俟其合抱而伐之。其用力顧不多哉。又如開籠縱鳥而捕之，解韁放馬而逐之，曷若勿縱勿解之爲易。亦此意也。然教之之法，又當謹其所習。昔黄筌、黄居寀、居實，蜀之名畫手也，尤善爲翎毛，其家多養鷹鶻，觀其神俊，以模寫之，故得其真。其後子孫有棄其畫業而事田獵，飛放者既多，養鷹鶻則買鼠，或捕鼠以飼之，又其後世有捕鼠爲業者，愈趨而愈下，皆置習使然也。范蜀公嘗記其事，且曰：人家置博弈之具者，子孫無不爲博奕；藏書者，子孫無不讀書。置習豈可以不謹哉？李子木《書閣吟》：「滿堂貯金玉，子孫務吞侵。滿堂載管弦，子孫學荒淫。偉哉夫子謀，有閣臨竹林。閣中盛羣書，古人可披尋。子孫登是閣，不解失光陰。子孫精是書，坐可攀朝簪。德義日以高，見聞由之深。君不見邊先生便其腹，王先生醉其心，清風颯颯傳于今。又不見漢相韋賢家一經，教子輕黄金。」語意相似，因附於此。畫家固不足責也。近年吾郡林家巷有官至浙漕者，公退之暇，每呼其子相對樗蒲以消日，及其死也，其子竟以樗蒲敗家，窮困無聊，所爲有不可言者。昔丁文簡公度之祖顗盡其家貲以置書至八千卷，且曰：「吾聚書多矣，必有好學者爲吾子孫。」至公果爲參政。由是觀之，范公之言豈欺我哉？雖然，子孫之賢不肖，亦係乎乃祖、乃父所積何如耳，豈人力所能强教也。唐盧坦爲河南尉，時杜黄裳爲尹，召坦曰：「某家子與惡人遊，破産，盍察之？」坦曰：「凡居官廉，雖大臣無厚蓄。其能積財者，必剥下以致之。如子孫善守，是天富不道之家。不若恣其不道以歸於人。」此又自本自根之論也。爲人祖父者宜思之。附誠齋楊文節公勸人教子弟説：嘗觀富貴之家，子弟多不通世務及多不肖者，毋徒歸咎於子弟，乃父兄不教之過也。富者曰吾有金穀以遺之，貴者曰吾有爵禄以遺之。

爲父兄者皆以此爲得策而不使向學，爲子弟者以父兄爲可恃而不肯向學，是故蠢爾無所識，懵然無所知。着衣喫飯不知稼穡艱難，禮義廉耻。一旦失其父兄，無所倚賴，敗壞其家，狼狽其身者，十常八九矣。予謂家無貧富，人無智愚，子孫皆不可不教。非欲其便取功名，登科第以光門户，且使粗知禮義廉耻，稍通曉世務，庶免爲小人不肖之歸，亦好事耳。人能由是以處子孫，則雖不遺以金穀、爵禄，彼必能自致之。如其不教，遺以金穀、爵禄，彼亦不能守之。不然古人何以謂遺子黄金滿籯，不如一經。信哉斯言也。司馬温公《家範》曰：爲人祖父者，莫不思利其後世，然果能利之者鮮矣。何以言之？今之爲後世謀者，不過廣營生計以遺之，田疇連阡陌，邸肆跨坊曲，粟米盈囷倉，金帛充篋笥，慊慊然求之猶未足，施施然自以爲子子孫孫累世用之莫能盡也。然不知以義方訓其子，以禮法齊其家，自於數十年中，勤身苦體以聚之，而子孫於歲時之間，奢靡遊蕩以散之，反笑其祖考之愚，不知自娱。又怨其吝嗇，無恩於我，而厲虐之也。始則欺紿攘竊以充其欲，不足則立約舉債於人，俟其死而償之。觀其意，惟患其祖考之壽也。甚者至於有疾不療，陰行酖毒亦有之矣。然則曏之所以利後世者，適足以長子孫之惡而爲身禍也。頃嘗有士大夫，其先亦國朝名臣也，家甚富而尤吝嗇，斗升之粟，尺寸之帛，必身自出納，鎮而封之。晝則佩鑰於身，夜則置鑰於枕下，病甚困絶，不知人子孫竊其鑰，開藏室，發篋笥，取其資財。其人復蘇即捫枕下求鑰不得，憤怒遂卒。其子孫不哭，相與爭匿其財，遂致鬭訟。其處女亦蒙首執牒，自訴於府廷，以爭嫁資，而鄉黨笑之。蓋由子孫自幼及長惟知有利，不知有義故也。夫生生之資，固人所不能無，然勿求多餘，多餘希不爲累矣。使其子孫果賢邪，豈疏糲布褐不能自營至死於道路乎？若其不賢邪，雖積金滿堂又奚益哉？故多藏以遺子孫，吾見其愚之甚也。然則聖賢皆不顧子孫之匱乏耶？曰：何爲其然也。昔者聖人遺子孫以德以禮，賢人遺子孫以廉以儉云云，其爲利豈不大哉！應俊續編。

睦宗族

親者，身之所自出；祖者，又親之所自出；則愛吾身與吾親者，不可不以不尊祖。

推尊祖之心而下之，則宗族者皆祖之遺體，可不敬乎？敬宗族者，尊祖之義也。古者聖人等人情之輕重立爲五服，以別親疎，以定上下。上以治祖禰，下以治子孫，旁以治兄弟。歲時之間，合族以食，序以昭穆，別以禮義，使之生則有恩以相懽，死則有服以相哀，然後宗族之義重。今爾百姓多逆人理，不知族屬。苟有忿怨，不能自勝，則執持棒杖，恣相毆擊，豈擇尊長也？力足以勝之斯毆之矣。我富而族貧，則耕田佃地，擡轎負擔之役，皆其族人，豈擇尊長也？財足以養之，斯役之矣。此皆風俗薄惡，人倫之深害也。鄭至道原編。

鄭君尊祖敬宗之説深得范文正公之遺意，然古人所謂睦族者，豈止吾一宗而已也。嘗以族服考之，父族四，母族三，妻族二，皆吾之所當親睦者也。昔晏平仲弊車羸馬，桓子以爲隱君之賜。晏子曰：「自臣之貴，父之族無不乘車者；母之族無不足於衣食者；妻之族無凍餒者；齊國之士待臣而舉火者，三百餘人。如此而爲隱君之賜乎？彰君之賜乎？」吾愛晏子之仁有等級而言有次第也。先父族，次母族，次妻族，而後及其疏遠之賢，是所謂以其所愛及其所不愛者也。若晏子者，可謂能盡睦族之道矣。今之人固未可盡以晏子之事責之，能不傷九族之義者亦寡矣。每閲訟牒，見有訟其父族者焉，有訟其母族者焉，又有訟其妻族者焉，是何風俗之不古也。嗚呼！訟父之族者，猶訟其父也，獨不念其父乎？訟母之族者，猶訟其母也，獨不念其母乎？訟妻之族者，猶訟其妻也，又獨不念其妻乎？觀其待父、母、妻之族尚如此，則其待國人者不言可知也。甚非今之所樂聞也。執筆教訟者縱不能傳問孝之章，又豈無詩書之族，典刑之老，崇禮義以薫化之，明理法以曉諭之，使天理復還，人情不失，伯叔兄弟依舊成伯叔兄弟，甥舅親戚依舊成甥舅親戚。《爾雅》：母之舅弟爲舅，妻之父爲外舅，姑之子爲甥，舅之子爲甥，妻之舅弟爲甥，姊妹之夫爲甥。孟子館甥，注：壻亦謂之甥也。如此，則人倫歸厚，風俗還淳，亦今之所深望也。應俊續編。

恤鄰里

古者五家爲比，使之相保。五比爲閭，使之相受。四閭爲族，使之相葬。五族爲黨，使之相救。五黨爲州，使之相賙。五州相鄉，使之相賓。如此則百姓之情懽欣交通，而和睦之道著矣。孟子曰：「鄉田同井，出入相友，守望相助，疾病相扶持，則百姓親睦。」蓋爲此也。《禮記》言：居鄉之禮，年長以倍則父事之，十年以長則兄事之，五年以長則肩隨之。見父之執，不使之進不敢進，不使之退不敢退，不問不敢對。其於道路，則父之齒隨行，兄之齒鴈行。所任輕則併之，所任重則分之，以至班白者不負戴於道路，則古人所以待鄉黨之老者又如此也。鄉飲酒之禮，於歲十二月，率鄉黨之民會聚飲酒，以正齒位。長者坐，少者立，老者食以厚，少者食以薄，所以示民以孝悌之道也。其有禍患，則鄰里之人同其憂。故曰：鄰有喪，舂不相。相謂以聲相助。里有殯，不巷歌。行弔之日，不飲酒食肉焉。漢萬石君居鄉里，其子慶爲内史。醉歸，入外門，不下車。萬石君聞之，怒而不食。

慶惶恐請罪，萬石君責之曰：「内史入閭，里中長者皆走避，内史坐車中自如，豈當如此？」自後慶及諸子入里門，常趨至家。王吉居長安，東家有大棗木垂吉庭中，其婦取以啗吉，吉後知之，乃去其婦。東家聞之，欲伐其棗，鄰里共止之，因請吉，令還婦。里中爲之語曰：「東家有樹，王陽婦去。東家棗全，去婦復還。」又曹節素仁厚，鄰人有失豕者，與節豕相似，詣門認之，節不與爭，後所失豕自還，鄰人大慙，送所認豕并謝，節笑而受。夫古人所以睦鄰里者如此。今爾百姓，以富役貧，以强凌弱，以少犯長，豈知古人所以交鄰里之意哉？鄭至道原編。

晏子曰：「君子居必擇鄰，可以避患。」左氏曰：「棄信背鄰，患孰恤之。」故梁人宋季有「百萬買宅，千萬買鄰」之語。誠以急難相恤，遠親不如近鄰之密也。余嘗聞眉山蘇仲先序。爲人疏達，輕利好施，救人之急，孜孜若不及。及歲凶賣田以賑其鄰里鄉黨，至冬間豐熟，人將償之，公辭不受，由是破散其祖業迫於饑寒，然公未嘗以爲悔而好施愈甚。遇人無疏密，一與之傾心焉。或欺而侮之，公亦不變色，人莫測其用心。後生子曰洵，老泉先生。孫曰軾，東坡先生。曰轍，潁濱先生。皆顯名天下，人以爲善恤鄉鄰之報。又聞唐貞元中，海鹽縣有戴文者，家富而性貪，每鄉人舉債必收利數倍。有鄰人與之交易，利中起利，刻剥至多，鄰人深恨。數年文病死，鄰人家牛生一黑犢，脇下白毛成字，曰戴文。文子耻之，乃求謝以物熨去其字，鄰人從之，既而文子以牛身無驗乃訟鄰人妄稱牛犢有字追至官，則白毛復出，字愈分明，但呼戴文，牛則應聲而至。人以爲不恤鄉鄰之報。今之居鄰里者，豈徒不能爲蘇公，且有甚於戴文者。或因侵越以起爭，或以兼并而速訟，由是不相往来，視如仇敵，豈知昔人所以待鄰里之道哉？試以往事觀之，陳囂與民紀伯爲鄰，伯夜竊囂藩地自益，囂見之，伺伯去後，密拔其藩一丈，以地益伯，伯覺之慙惶，既還所侵，又却一丈。太守周府君高囂德義，刻石旌表其閭，號曰義里。又如趙清獻公家三衢所居甚隘，弟姪有欲悅公意者，厚以直易鄰翁之居以廣公第。公聞不樂，曰：「吾與此翁三世爲鄰矣。忍棄之乎？」命亟還翁居而不追其直。此皆人情之所難者而二公能之，此其所以爲賢也。且古人所以恤鄰里者，爲其貧富可以相資，緩急可以相助，茍平時有怨無恩，則臨難皆吾仇敵。如景定初，大軍臨城，小人倖亂。時天寳鄉富人周氏爲鄰里所刼，若錢、若穀、若金銀、若衣物匹帛悉爲盜有，至於窖藏之物亦無遺留。雖犯者不免於刑，而周之家計亦蕩然一空矣。後嘗判決此事，就推其原，爲諸大税家告其畧曰：富者乃貧者所恃以相資者也，除伏臘供輸之外，凡可以濟親族、濟閭里、濟貧乏者，隨吾力而行之。既平時有恩意以及人，一旦設有緩急，人方親附之不暇，誰肯以横逆加諸我也。若多蓄之是貪，又一毫之不拔，是乃怨之招也，是乃盜之資也，非惟家不可保，抑恐災及其身。爲富不仁者，又不可以不察是説也。初判之時，雖嘗備榜市心以諭衆，尚慮遠鄉有未見者，因附録於此，以爲富家不恤鄉鄰者之戒。應俊續編。

重婚姻

男女有別，然後夫婦有義。夫婦有義，然後父子有親。婚姻者，禮之本，所以合二姓之好。上以事先祖，下以繼後世，可不謹乎！是以婚禮有納采、問名、納吉、納徵、請期，五者之禮，皆主人設几筵於家廟而受之，所以敬謹重正婚禮也。古者男女非有行媒不相知名，非受幣不交不親。故齋戒以告鬼神，爲酒食以召鄉黨僚友，所以厚其別也。夫幽則質之於鬼神，明則證之以鄉黨，然後行婚姻之禮，則男女之不可以苟合也如此。及婚禮既成，男子親迎，親受之於父母也，母送之門，戒之曰「往之女家，必敬必戒，無違夫子，以順爲正」者，教以爲婦之道也。既而出於大門，男先率女，女從男，夫婦之義由是始也。蓋婦人，從人者也。幼從父兄，嫁從夫，夫死從子，男先而女後，則從人之義也。質明，婦執棗栗腶脩以見舅姑，成婦禮也。舅姑入室，婦以特豚饋，明婦順也。舅姑降自西階，婦降自阼階，以著代也。古人於婚禮之義如此。今爾百姓婚姻之際多不詳審，閨闈之間恩義甚薄。男夫之家視娶妻如買雞豚，爲婦人者視夫家如過傳舍，偶然而合，忽爾而離，淫奔誘畧之風久而愈熾，誠可傷也。鄭至道原編。

婚禮者，將合二姓之好，上以事宗廟，下以繼後世，則擇婦宜重於擇壻也。余以《大戴禮》教之，其畧曰：娶妻嫁女，必擇孝悌世世有行義者，則子孫慈愛孝悌，不敢淫暴。

鳳凰生而有仁義之意，虎豹生而有貪戾之心。無養乳虎，將害天下。是則婦與壻之性行俱不可以不擇也。故司馬温公嘗爲之説曰：「凡議婚姻，當先察其壻與婦之性行及家法如何。」真文忠公曰：孔子「五不娶」之説，即擇婦之法也。婦人深居閨閫，美不外著，賢否未易知也，亦觀其家如何耳。逆家子不娶，是其所娶必忠孝之家也。亂家子不娶，是其所娶必禮義之族也。推是類而求之，其不中者鮮矣。惟喪父長子一節，先儒以爲疑若父雖喪，而母賢，則其教女必有法，又非所拘也。勿苟慕其富貴。壻苟賢矣，今雖貧賤，安知異時不富貴乎？苟其不肖，今雖富貴，安知異時不貧賤乎？婦者，家之所由盛衰也。苟慕一時之富貴而娶之，彼挾其富貴，鮮有不輕其夫而傲其舅姑，養成驕妬之性，異日爲患庸有極乎！借使因婦財以致富，依婦勢以取貴，苟有丈夫之志氣者能無愧乎？孔子謂南容邦有道不廢。行能有過人者，故邦有道不廢。邦無道免於刑戮。寡言而謹事，故邦無道免於刑戮也。以其兄之子妻之。此可以爲擇壻之法矣。晉武帝以衛氏種賢而多子，賈氏種妬而少子，欲納衛瓘女爲太子妃。後惑人言，卒娶賈充女，果淫妬。此可以爲擇婦之法矣。胡安定遺訓：嫁女必求勝吾家者，則女之事人也恭。娶婦必不若吾家，則婦之執禮也謹。楚諺曰：「男婚低户，女嫁高門。」而今之世俗，每不能然。將娶婦，惟問資裝之厚薄，而不問其女之賢否；將嫁女，惟問聘財之多少，而不問其壻之何如。及其成親而悔之，則事無及矣。又有始者婦家責聘財之少，而不還其親；終也壻家怒資裝之薄，而欲遣其婦。婚姻之家結爲仇敵，甚至激閨門之變而破家蕩産者有之。文中子曰：婚娶論財，夷虜之道也。君子不入其鄉。爲其知利而不知義也。唐僖宗時，裴坦爲相，性儉素，其子娶楊收之女，資給豐厚，器用多犀玉。坦見之盛怒，命壞之，曰：「殃我家矣。」收終以賂敗，而坦號太平裴相。本朝范文正公子純仁娶婦歸，或傳婦以羅爲帳幔者，公聞之不悦。曰：「羅綺豈帷幔之物耶？吾家素清儉，安得亂吾家法！敢持至吾家，當火於庭。」今之人固不可以二公之事責之，能見利而思義者亦少矣。

温公又曰：世俗好於襁褓童幼之時輕許爲婚，亦有指腹爲婚者及其既長，或不肖無賴，吴許升少爲博徒，不治操行，妻吕榮嘗躬勤家業以奉姑，數勸升學。每有不善，流涕進規。榮父積忿疾升，乃呼榮欲改嫁之。榮歎曰：「命之所遭，義無離二。」終不肯歸。升感激自厲，乃尋師遠學，遂以成名。或有惡疾，華陰吕君舉進士，聘里中女，後既中第，婦家言曰：「吾女故無疾，既聘而後盲，敢辭。」吕君曰：「既聘而後盲，君不爲欺，又何辭。」遂娶之。生五男，子皆中進士第，其一人丞相，汲公是也。或家貧凍餒，齊人劉廷式本田家，鄰舍翁有女約與爲婚，契闊數年，廷式登第歸鄉，而翁已死，女因病雙瞽，家極困餓。廷式使人申前好，而女之家辭以疾，仍以傭耕不敢姻上夫。廷式曰：「與翁有約，豈可以翁死女疾而背之乎？」卒與成婚。或喪服相仍，《南史》：韋放字元直，爲徐州刺史，與吴郡張率皆有側室懷孕，因指腹爲婚姻。其後産男女未及成長而率亡，遺嗣孤弱，放常贍卹之。及爲北徐州，時有貴族請婚者，放曰：「吾不失信於故友。」乃以息岐娶率女，又以女適率子，時稱放能篤舊。或從宦遠方，鮑蘇事見後。遂至棄信負約，速獄致訟者多矣。是以先祖太尉嘗曰：吾之男女必俟既長然後議婚，既通書不數月必成婚，故終身無此悔，乃子孫所當法也。婚姻家背盟者凶，踐盟者吉。俊昨主奉化簿時，見管下鮚埼鎮有張漢英，定親後亦如吕公，卒登高第黄甲四名，人以爲不負親盟之報。又吾鄉有定親後纔入太學而即背盟者兩人，後皆不利。識者鄙之，但以鄉曲之事驗之，便知凶吉。

有同姓爲婚者，尤爲不知禮也。《禮》曰：娶妻不娶同姓，買妾不知其姓則卜之。世之人又《白虎通》以爲不娶同姓者，重人倫，防淫佚，耻與禽獸同也。外屬小功以上亦不得娶，爲其尊卑混亂，人倫失次也。惟姑舅兄弟姊妹乃是一等，可以爲婚，而州縣官不能細讀律令者，尚斷離之，嫁娶不可不謹也。《容齋随筆》：姑舅兄弟爲婚，在禮法不禁，而世俗不曉。按《刑統户婚律議》曰：父母姑舅兩姨姊妹於身無服，乃是父母緦麻，據身是尊，故不合娶。及姑又是父母大功，尊若姨，雖於父母無服，亦是尊屬，母之姑、堂姑，並是母之小功，以上尊。己之。堂姨及再從姨、堂外甥女，亦謂堂姊妹所生者，女壻姊妹於身雖並無服，據理不可爲婚，並爲尊卑混亂，人倫失序之故。然則中表兄弟姊妹正是一等，其於婚娶，了無所妨。予嘗記政和八年，知漢陽軍王大夫申明此項，勑局看詳爲如表叔娶姪女，從甥女嫁從舅之類甚明白。徽州法司編類續降有全文。今州縣官書判至有將姑舅兄弟成婚斷離者，皆失於不能細讀律令也。又朱文忠公云：自仁宗皇帝以公主嫁李瑋，亦是姑舅成婚，此又一證也。雖然婚姻之外猶有説焉。古者自天子至於士庶人妻妾媵各有等降之數。《禮》：天子妻妾十二，諸侯九，大夫三，士二，惟庶人無之，謂之匹夫匹婦。後世惟力是視而已。此文中子所以有「妾媵無數，教人以亂」之歎也。夫正家之本，由於夫婦之各正，治家以禮而無寵昵之偏，使嫡妾之次不紊，此夫之正也。司馬温公爲太原府通判，尚未有子，夫人爲買一妾，公殊不顧，夫人疑有所忌也。一日，教其妾「俟我出，汝自飾至書院中，冀公一顧」。妾如其言，公訝曰：「夫人出，安得至此？」亟遣之。撫下以恩而無妬忌之失，使怨曠之禍不興，此婦人之正也。宋鮑女宗者，鮑蘇之妻也，養姑甚謹。鮑蘇去仕於衛三年，而娶外妻，女宗養姑愈謹。因往来者請問鮑蘇不輟，賂遺外妻甚厚，女宗之姒謂女宗曰：「夫人既有所好，可以去矣。」女宗曰：「若抗夫室之好，苟以自榮，吾未知其善也。夫《禮》：天子妻妾十二，諸侯九，大夫三，士二。今彼室人固士也，其有二，不亦宜乎？且婦人有七去之道，妬忌爲首，姒不教吾以居室之禮，而反使吾爲見棄之行，將安所用？」遂不聽，事姑愈謹。宋公聞而美之，表其閭，號曰「女宗」。得其正則家治，失其正則家亂，此必然之理也。至於妾媵猥多，未有不爲家之害者。内或陷子弟於惡，《禮》曰：禽獸無禮，故父子聚麀。是故聖人作，爲《禮》以教人，使人以有禮，知自別於禽獸。昔衛宣公卒，惠公幼，其庶子頑烝於惠公之母，生子五人：齊子、戴公、文公、宋桓夫人、許穆夫人，國人疾之，作《牆有茨》詩以刺其上，曰：不可道也，言之醜也。外或生僮僕之變，晉王濟，字武子。諭左右人嘗於閤中就婢取濟衣服，婢欲奸之，其人云不敢。婢云：若不從，我當大呼，其人終不從。婢乃呼曰甲欲奸己，濟令殺之，其人具述前狀，武子不信。其人曰：枉不受，當訟府君於天。武子經年疾困，此人見形云：府君當去矣，遂卒。無所不有。欲正其家者，可不戒哉！《史記》齊桓公多内寵内嬖，如夫人者六人，長衛姬生無詭，少衛姬生惠公元，鄭姬生孝公昭，葛嬴生昭公潘，密姬生懿公商人，宋華子生公子雍。桓公欲以孝公爲太子，桓公病，五公子各樹黨爭立。十月乙亥，桓公卒，遂相攻，以故宫中空，莫敢棺，桓公尸在牀上六十七日，尸蟲出於户外。十二月乙亥，無詭立，乃棺赴。辛巳夜，斂殯。嗚呼！桓公九合諸侯，一匡天下，爲春秋霸主，而家道不正，嫡庶不分，身後至於此。讀史者，未嘗不爲之掩卷歎息焉。袁氏《世範》：别宅遺腹子，宜早收養教訓，免致身後論訟。或已習爲下愚，方欲歸宗，尤難處也。或婢妾與人私通，因事逐去，皆不可不於生前早有辨明，恐身後有求歸宗，暗昧不明，子孫被其害者。應俊續編。

正喪服

《禮記》曰：三年之喪，何也？曰：稱情而立文，以别親踈、貴賤之節，而不可損益也。創大者其日久，痛甚者其愈遲。三年者所以爲至痛極也。斬衰苴杖，食粥枕塊，所以爲至痛飾也。凡生天地之間，有血氣之屬，莫不知愛其類。今鳥獸失其羣匹，越月踰時，反其故鄉，則回翔鳴號，然後能去之。故有血氣之屬，莫智於人，故人於其親也，至死不窮。將由夫邪淫之人，則彼朝死而夕忘之，然而從之，則鳥獸之不若也。將由修飾之君子，則三年之喪，若駟馬過隙之易，然而從之，是無窮也。故先王爲之中制止於三年，使足以成文理則釋之矣。然則，何以期年？曰天地則已易矣，四時則已變矣，其在天地之間者，莫不更始焉，故以朞也。九月之下，則漸殺之，使弗及也。故三年以爲隆，期九月以爲間，小功、緦麻以爲殺。上取法於天，下取法於地，中取法於人。人所以羣居和一之理盡矣。斬衰貌若苴，齊衰貌若枲，大功貌若止，小功、緦麻容貌可也，此哀之發於容體者也。斬衰之哭，若往而不返。齊衰之哭，若往而返。大功之哭，三曲而偯。小功、緦麻，哀容可也，此哀之發於聲音者也。斬衰唯而不對，齊衰對而不言，大功言而不議，小功、緦麻議而不及樂。此哀之發於言語者也。斬衰三日不食，齊衰二日不食，大功三不食，小功、緦麻再不食。父母之喪既殯食粥，朝一溢米，暮一溢米；齊衰之喪，疏食水飲，不食菜果；大功之喪，不食醯醬；小功、緦麻，不飲酒醴；此哀之發於飲食者也。父母之喪，居廬，寢苫，枕塊，不脱絰帶；齊衰之喪，居堊室，編蒲而寢；大功之喪，寢有席；小功、緦麻，牀可也；此哀之發於居處者也。斬衰布三升，齊衰四升、五升、六升，大功七升、八升、九升，小功十升、十一升、十二升，緦麻十五升，此哀之發於衣服者也。聖人取於人情，制爲五服，其等降如此。今爾百姓親屬相犯，問以服紀年月，皆言不知。以此觀之，則死而不爲服，服而不終其制者亦多矣。其去禽獸豈遠哉！先師朱文公曰：湖南楚王馬希聲葬父之日，因食雞臛，爲官屬潘起所譏。是五代之時，居喪食肉者，人以爲異事。今之人乃有親肉未寒而肉食者；有初喪未斂，親賓賫酒飲以勞之，名曰暖喪者；是禽獸之不若也。尚可以三年之禮責之乎？雖然，南齋傅聘君實之居喪疏食，遠近化之，未可謂今之風俗不古也，特在士夫一轉移間耳，負鄉曲之望者宜表率之。鄭至道原編。

孔子曰：「少連、大連善居喪，三日不怠，三月不懈，期悲哀，三年憂，東夷之子也。」言生於夷狄而知禮，所以警中國不知禮者也。鄭君喪服之編，是固使人知有禮矣。愚謂葬、祭二事，尤孝子所當盡心焉。蓋孝子之喪親也，葬之以禮則可，以盡慎終之道；祭之以禮則可，以盡追遠之誠。世之人固有不葬其親者，況望其能以禮葬之乎？固有不祭其先者，況望其能以禮祭之乎？故司馬温公嘗論之曰：葬者，人子之大事，死者以窀穸爲安宅，死而未葬猶行而未得其歸也。是以孝子雖愛親，留之不敢久也。古者天子七月，諸侯五月，大夫三月，士踰月而葬。今五服年月，勑王公以下皆三月而葬，是舉其中制而言之。按禮未葬不變服，啜粥，居廬，寢苫，枕塊，蓋孝子之心以爲親未獲所安，已故不敢安也。《南史》：海虞令何子平母喪去官，哀毁踰禮，每至哭踊頓絶方蘇。蜀大明末，東土饑荒，繼以師旅，八年不得營葬，晝夜號哭，常如袒括之日。冬不衣絮，夏不清凉。一日以米數合爲粥，不進鹽菜，所居屋敗，不蔽風日，兄子伯興欲爲葺理，子平不肯。曰：「我情事未申，天地一罪人耳。屋何宜覆。」蔡興宗爲會稽太守，甚加矜賞，爲營冢壙。今世信葬師之説，既擇年月日時，唐太常博士吕才《叙葬書》曰：按禮，天子、諸侯、大夫，葬皆有月數，則是古人不擇年月也。《春秋》：丁巳，葬定公，雨，不克葬。戊午，日下昃，乃克葬。己丑，葬敬嬴，雨，不克葬。庚寅，日中而克葬。是不擇日也。鄭葬簡公，司墓之室當路，毁之則朝而堋，弗毁則日中而堋，子産弗毁。是不擇時也。又擇山水形勢，古之葬者，皆以國都之北域，兆有常處，是不擇地也。司馬温公曰：《孝經》云：「卜其宅兆而安厝之。」謂卜地决其吉凶耳。非若今陰陽家相其山岡風水也。程正公曰：卜其宅兆，卜其地之美惡也。地美則其神靈安，其子孫盛。然則曷謂地之美者？土色之光潤，草木之茂盛，乃其驗也。而拘忌者咸以擇地之方位，决日之吉凶，甚者不以奉先爲計，而專以利後爲慮，尤非孝子安厝之用心也。惟五患者不得不謹：須使異日，不爲道路，不爲城郭，不爲溝池，不爲貴勢所奪，不爲耕犂所及，蓋以安親爲心，則地不可以不擇，其擇也，不可以太拘，擇而不至於太拘，則葬不患其不時矣。以爲子孫貧富、貴賤、賢愚、壽夭，盡係於此，而其爲術又多不同，爭論紛紜，無時可决，乃至終喪除服。或十年，或二十年，或終身，或累世猶不葬，至爲水火所漂焚，它人所投棄，失亡尸柩，不知所之者，豈不哀哉！人所貴有子孫者，爲其死而形體有所付也。既死而不葬，則與無子孫而死於道路者奚以異乎？《詩》云：「行有死人，尚或殣之。」况爲人子，乃忍棄其親而不葬哉？大抵世之遷延不葬者，多以昆弟各懷自利之心。唐温大雅改葬其祖，卜人占其地曰：「弟則吉，不利於君，若何？」大雅曰：「如子言，我含笑入地矣。」後官至待郎，子孫亦爲御史。而野師俗巫又從而誑惑之，甚至偏納其賂而紿之以私己，受兄之賂則紿之曰：此地利長房。又受弟之賂，則紿之曰：此地利小房。愚而無知者安受其欺而弗悟也！倪尚書詩：「風水人間不可無，亦須陰德兩相符。若無陰德憑風水，再生郭璞也難圖。」又曹仙姑詩曰：「風水山人喜脱空，指南指北指西東。山頭若有王侯地，何不歸家葬老翁。」夫某山强則某支富，某山弱則某支貧，非惟義理所不當問，雖近世陰陽書亦有深排其説者，惟野師俗巫則張皇煽惑以爲取利之資。擇地者必先破此謬説，而後無太拘之患，爲人子者所當深察也。大觀中，南劍州羅鞏在太學，學有神祠甚靈，鞏每以前程事朝夕默禱。一夕，神見夢曰：「子已得罪陰間，宜亟還鄉，前程不須問也。」鞏懇之曰：「鞏平生操守鮮有過，願告以獲罪之因。」神曰：「子無它過，唯父母久不葬耳。」鞏曰：「家有兄弟，罪獨歸某，何也？」神曰：「以子習禮義爲儒者，故任其咎。餘子碌碌，不足責也。」鞏既寤悔恨，束裝遄歸。鄉人有同舍者，悉驚問之，鞏以夢告，行未及家而卒。此亦可以爲鑒也。世之人又有用羌人法而火化者。列子曰：秦之西有儀君之國，其親戚死，聚柴積而焚之。熏則烟上，謂之登遐。世人親死而焚之，何異於是。積習既久，視以爲常。曾不知古者背叛惡逆之人，乃有焚骨揚灰之戮。魯夏父弗忌獻逆祀之議，既其葬也，焚烟徹于上謂已葬，而火焚其棺槨也。又王莽作焚屍之刑，燒陳良等，則是古人以焚屍爲大僇也。哀哉！今親肉未寒，爲人子者，何忍付之烈焰，使爲灰燼乎？言之猶可痛心，況復忍爲其事？或曰：旅宦遠方，貧不能致其柩，不焚之，何以致其歸葬？曰：如廉范輩，豈其家富耶？漢廉范父遭喪亂，客死於蜀。范遂流寓西川。西川平，歸鄉里，年十五，辭母西迎父喪。蜀守張穆重資送范，范不受，與客并負喪歸。延陵季子有言：骨肉復歸於土，命也。䰟氣則無所不至。舜爲天子，巡守至蒼梧而殂，葬於其野。彼天子猶然，況士民乎！必也竭力，不能歸其柩，即所亡之地而葬之，不猶愈於火焚乎？温公又曰：世俗信浮屠誑誘，於始死及七七日、百日、期年、再朞，除喪，飯僧、設道場，或作水陸大會，云爲此者滅彌天罪惡，必生天堂受種種快樂。不爲者必入地獄，剉燒舂磨，受無邊波吒之苦。殊不知人生含氣血，知痛癢，或剪爪剃髮，從而燒斫之已不知苦，况於死者，形神相離，形則入於黄壤，朽腐消滅，與木石等；神則飄若風火，不知何之。借使剉燒舂磨，豈復知之？且浮屠所謂天堂、地獄者，計亦以勸善而懲惡也。苟不以至公行之，雖鬼可得而治乎？唐人有言，刺史李舟與妹書。天堂無則已，有則君子登；地獄無則已，有則小人入。世人親死而禱浮屠，是不以其親爲君子而爲積惡有罪之小人也。何待其親之不厚哉？就使其親實積惡有罪，豈賂浮屠所能免乎？昔伊川程先生家治喪，不用浮屠，洛人有化之者自江西言之。南齋先生傅聘君以孝行化鄉人，亦如伊洛。其門人鄒宗居喪疏食，公雅敬之，爲銘其母吴夫人之墓，且告之曰：疏食，禮也，更不要作佛事。然嘗聞西山真文忠公曰：彼之教得行由吾之，禮先廢，使今之居喪者，始死有奠，朔有殷奠，虞祔祥禫，皆有祭，既足以盡人子追慕之情，則於世俗之禮且將不暇爲之矣。不復祭禮而徒曰：勿用浮屠，使居喪者倀倀然無以報其親，未見其可也。經曰：卜其宅兆而安厝之。春秋祭祀以時思之，孝子之事親終矣。祭之説亦豈止爲居喪時也？伊川程子曰：豺獺皆知報本，今士大夫家，厚以奉養，而薄於先祖，甚不可也。余嘗修《六禮大畧》，家必有廟，廟必有主。月朔必薦新，時祭用仲月。冬至祭始祖，立春祭先祖，季秋祭禰。忌日迎主，祭於正寢。凡事死者皆當厚於奉生者，人家能存得此等事數件，雖幼者可使漸知禮義。或問俗節之祭，朱文公曰：韓魏公處得好謂之節祠，某家依之，但七月十五用浮屠，設素饌祭。某不用，初欽夫廢俗節。某問公、於端午須喫粽；重陽須飲茱萸酒，不祭而自享，於汝安乎？唐顔魯公、張司業家祭不用紙錢，衣冠效之。紙錢起於玄宗時王璵，古無有也。雖然君子有終身之喪，忌日之謂也。忌日不用，非不祥也。言夫日志有所至，而不敢盡其私也。朱文公母夫人忌日，着黲墨布衫，其巾亦然。學者問：今日服色何謂？曰：公豈不聞禮，君子有終身之喪。又丁晉公云：文侍郎中孺母歸時，於衣笥中得一墨衰，妯娌駭而詰之，云父母教以候翁姑私忌日着此衣出慰。當時士族之家猶有此禮，今未之聞也。或又曰：人子之於生日，苟無父母，亦當以忌日之禮自處。爲人子者，可不知此意乎？伊川先生曰：「人無父母，生日當倍悲痛，更安忍置酒張樂以爲樂，若具慶者可矣？」唐太宗謂長孫無忌曰：「今日吾生日，世俗皆爲樂，在朕翻成傷感。今君臨天下，富有四海而承歡膝下，永不可得。此子路所以有負米之歎也。《詩》云：『哀哀父母，生我劬勞。』奈何以劬勞之日更爲宴樂？」因泣數行下。左右皆悲。真文忠公曰：人子之於生日，苟無父母，當以忌日自處。太宗以萬乘之主能行之，况學者可昧此乎？師友服胡澹菴爲清節先生制師之服，張魏公爲張無垢制友之服，蔡文襄公聞朋友喪，不御酒肉。楊誠齋尤篤師友之義，凡少時有一字之師者，必謹而稱之曰某人先生，未嘗獨以字稱。清純劉先生卒，爲之制服。應俊續編。

保墳墓

墳墓者，父母之所由歸而子孫之所由生也。父祖子孫同氣，亡者安則存者安，亦其理也。人所貴有子孫者，爲其死而墳墓有所托耳。世未有墳墓不守而子孫昌盛者。唐柳子厚謫永州，與許孟容書曰：先墓在城南，無異子弟爲主，懼便毁傷松栢，芻牧不禁，以成大戾。此惟恐亡墓爲人毁伐也。郭原平貿家貲貴買墳前田數十畝，今之人乃有鬻其贍塋田者。程伊川《擇地法要》，使異日不爲耕犁所及，今之人乃有侵耕墓地者。今之人乃有望其木思以爲材，《禮》曰：君子爲宫室，不斬於丘木，世人伐陰宅以修陽宅者，未有不隨受其禍也。視其榛棘思以爲薪，伐而爲柴炭者，何地無人。登其丘墓思發其所藏者，寶祐、開慶間，鄉人艱食，盗發人冢甚多，亦有不肖子孫自發其三代之冢者，亡者不得其安，存者隨受其害。使其先代有知，亦將悼其不幸於土中矣。嗚呼！尚忍言之哉！昔有富兒題壁間曰：「家有千萬貫，一世不求人。」有續其後曰：「既深三尺土，難保百年墳。」政爲此也。雖然，吾嘗聞之唐人有言高墳厚壠，珍物畢備，此適所以爲親之累，非曰孝也。虞世南《諫厚葬書》。故後周太祖郭威屢戒晉王曰：柴榮即世宗也。昔吾西征，見唐十八陵無不發掘者，此無他，惟多藏金玉故也。我死當衣以紙衣，斂以瓦棺，速營葬，勿久留宫中，勿置守陵宫人，勿作石羊、虎、人、馬，惟刻石置陵前云「周天子，平生好儉約，遺令用紙衣瓦棺，嗣天子不敢違也。」汝或違吾，吾不福汝。《邵氏聞見録》：張侍中耆遺言厚葬，晏丞相殊遺言薄葬，二公俱葬淮翟。元祐中，同爲盗所發，侍中壙中金玉犀珠充塞，盗未近其棺，所得已不勝慰，皆列拜而去；丞相壙中但瓦器數十，盗怒不酬其勞，斵棺取金帶亦木也，遂以斧碎其骨。厚葬免禍，薄葬致禍。楊王孫臝葬之計踈矣，然特一時不幸耳。厚葬誨盗，終不宜也。夫以天子之尊，猶慮及此，况庶人乎？後之欲保墳墓者，又當於此而思之。爲人子孫須時月一省墳墓，非但不忘祖宗，亦免外人侵犯。應俊續編。

重本業

古有四民，曰士、曰農、曰工、曰商。士勤於學業，則可以取爵禄。農勤於田畝，則可以聚稼穡。工勤於技藝，則可以易衣食。商勤於貿易，則可以積財貨。此四者，皆百姓之本業，自生民以来，未有能易之者也。若能其一，則仰以事父母，俯以育妻子，而終身之事畢矣。不能此四者，則謂之浮浪游手之民。浮浪游手之民，衣食之源無所從出，若不爲盜賊，即私販禁物，一旦身被拘執，陷於刑禁，小則鞭撻肌膚，大則編配絞斬，破蕩家産，離棄骨肉，方此之時，欲爲四民之業，何可得也！鄭至道原編。

卷下

崇忠信

人之所以異於禽獸者，以有人理也。人理莫大於忠信，忠則不欺於心，信則不欺於人。人能内不欺心，外不欺人，然後可以爲人，而異禽獸矣。苟能力行不息，則明無人非，幽無鬼責，天地祐之，鬼神福之，親族信之，鄉黨敬之。其在世也，豈不樂哉！若不忠不信，懷私飾詐，内以欺心，外以欺人，則人理絶滅，去禽獸不遠矣。如此則明有官府之典刑，幽有鬼神之譴責，不協於親族，不齒於鄉黨，又何利焉？三代之時，人人有士君子之行，雖小夫賤隸、婦人女子，皆知蹈履忠信，不敢爲欺。何必古之時，近世如包孝肅公尹京時，民有自陳某人以白金百兩寄我，其人死矣，以金還其子，子不肯受，願召其子還之。尹召其子，其子辭曰：亡父未嘗以白金寄人。兩人相遜久之。又嘗親見田間一老農，時當大旱，人皆詐以求蠲税，獨不肯詐。問其故，曰：「老夫田偶得蔭注，實不傷，若雷同挾詐，是欺天也。」又見一老吏，有鄉人訴事於郡，囑以三十千，後果得理，其老吏遣人送三十千還之，云：「此事乃知州自判，我實不曾致力，不敢欺心受此錢也。」後其子登科，人以爲不欺之報。又浙西有一牙儈之子登科，人賀之，答曰：「老夫自小爲牙，以至今日，未嘗欺瞞官司一文税錢，所以獲此報。將來兒子受得官中俸錢，亦無愧也。」如此數事，皆可謂不欺心，不欺人者矣。今每見詞訟動飾詐欺，或有僞作契券，揩改簿約，負財賴業，設詐規利，隱減財產，規避賦役。本因喧爭，便稱被打；本因討索，便稱打刼。情態萬狀，虚僞百端，皆是自欺其心，以欺他人，豈不大可耻哉！彭仲剛續編。

《諭俗》之爲編一也，鄭君先之以孝悌，彭君先之以忠信，孝悌忠信等爲天爵，不可以二道觀也。世未有孝悌之人而不忠信，亦未有忠信之人而不孝悌者。蓋能孝於家，必忠於國，入孝出弟，必謹而信。孔子曰：忠信篤敬，可行蠻貊。孟子曰：孝悌忠信，可撻甲兵。人有天爵而不貴者，皆自棄也。余觀此篇，特取老農、老吏、牙儈及無名人之事，亦所以愧上一等人之不忠不信者也。彼無名之人及爲農、爲吏、爲牙儈者尚忠信如此，況稍有名稱不爲農、不爲吏、不爲牙儈而不忠信可乎？孔子曰：「少連、大連善居喪，東夷之子也。」言生於夷狄而知禮，所以警中國之不知禮者也。彭君所編蓋得此意，觀者可以自警矣。應俊續編。

尚儉素

儉，美德也，古人之所寶也。禹，聖人也。帝舜稱其德曰：克儉于家。人君富有天下，猶以儉爲德，况民庶乎？故曰：儉德之共也。又曰：儉常足。人能崇尚儉素，深自撙節，省口腹之欲，抑耳目之好，不作無益以害有益，不務虚飾以喪實費，食可飽而不必珍，衣可暖而不必華，居處可安而不必麗，吉凶賓客可備禮而不必侈，如此則一身之求易供，而一歲之計可給。既免稱貸舉息俯仰求人，又且省事寡過，安樂無事。故富者能儉，則可以長保；貧者能儉，則可以無飢寒，豈不美哉！今世之人不知以儉爲美德，而反以儉爲鄙笑，往往縱目下之欲而不恤後来，飾一時之觀而不顧實患，亦可謂愚矣。故富饒之家日朘月削，浸以不足。中人之産積逋累欠，浸以貧困。於是見利忘義，苟求妄取，兼并爭奪，放僻邪侈，無所不爲。農、工、商、販之家，朝得百金，暮必盡用，博奕飲酒，以快一時，一有不繼，立見飢凍，於是相攘相詐，甚至盜竊，身陷刑辟，妻子流離。原其所由，皆不知崇尚儉素之過也。彭仲剛續編。

司馬温公《訓儉文》曰：「吾本寒家，世以清白相承。吾性不喜華靡，自爲乳兒，長者加以金銀華美之服，輒羞赧棄去之。二十忝科名，聞喜宴獨不戴花。同年曰：『君賜，不可違也。』乃簪一花。平生衣取蔽寒，食取充腹，亦不敢故服垢弊以矯俗干名，但順吾性而已。衆人皆以奢靡爲榮，吾心獨以儉素爲美。人皆嗤吾固陋，吾不以爲病。應之曰：孔子稱『與其不孫也，寧固。』又曰：『以約失之者鮮矣。』又曰：『士志於道，而恥惡衣惡食者，未足與議也。』古人以儉爲美德，今人以儉相詬病。嘻，異哉！近世風俗尤爲侈靡，走卒類士服，農夫躡絲履。吾記天聖中，先公爲群牧判官，客至未嘗不置酒，或三行、五行，多不過七行。酒沽於市，果止於梨、栗、棗、柿；殽止於脯醢、菜羹，器用甆漆。當時士大夫家皆然，人不相非也。會數而禮勤，物薄而情厚。近日士大夫家，酒非内法，果、殽非遠方珍異，食非多品，器皿非滿桉，不敢會賓。常數月營聚，然後敢發書，苟或不然，人皆非之，以爲鄙吝。故不隨流俗者鮮矣。嗟乎！風俗頽弊如是，居位者雖不能禁，忍助之乎？又聞昔李文靖公爲相，治居第於封邱門内，廳事前僅容旋馬，或言其大隘。公笑曰：『第當傳子孫，此爲宰相廳事誠隘，爲太祝奉禮廳事已寬矣。』參政魯公爲諫官時，真宗遣使急召之，得於酒家。既入，問其所來，以實對。上曰：『卿爲清望官，奈何沽酒於肆？』對曰：『臣家貧，客至，無器皿、果、殽，故就酒家觴之。』上以其無隱，益重之。張文節爲相，自奉養如爲河陽掌書記時，所親或規之曰：『公今受俸不少，而自奉若此。公雖自信清約，外人頗有公孫布被之譏。公宜少從衆。』公嘆曰：『吾今日之俸，雖舉家錦衣玉食，何患不能？顧人之常情，由儉入奢易，由奢入儉難。吾今日之俸，豈能常有？身豈能常存？一旦異於今日，家人習奢已久，不能頓儉，必致失所。豈若吾居位、去位，身存、身亡，如一日乎？』嗚呼！大賢之深謀遠慮，豈庸人所及哉？御孫曰：『儉，德之共也；侈，惡之大也。』共，同也，言有德者皆由儉來也。夫儉則寡欲，君子寡欲，則不役於物，可以直道而行；小人寡欲，則能謹身節用，遠罪豐家。故曰：儉，德之共也。侈則多欲。君子多欲，則貪富貴，遠道速禍；小人多欲，則多求妄用，敗家喪身。是以居官必賄，居鄉必盜。故曰：侈，惡之大也。昔正考父饘粥以餬口，孟僖子知後必有達人。季文子相三君，妾不衣帛，馬不食粟，君子以爲忠。管仲鏤簋朱紘，山節藻棁，孔子鄙其小器。公叔文子享衛靈公，史鰌知其及禍，及戌，果以富得罪出亡。何曾日食萬錢，子孫以驕溢傾家。石崇以奢靡誇人，卒以此死東市。近世寇萊公豪侈冠一時，然以功業大，人莫之非，子孫習其家風，今多窮困。其餘以儉立名，以侈自敗者多矣，不可偏數。聊舉數人以訓汝，汝非徒身當服行，當以訓汝子孫，使知前輩之風俗云。」應俊續編。

戒忿爭

一朝之忿可以忘身及親，錐刀之爭可以破家蕩業，故忿爭不可以不戒。大抵忿爭之起，其初甚微，而其禍甚大。所謂涓涓不壅，將爲江河；綿綿不絶，或成網羅。人能於其初而堅忍制伏之，則便無事矣。性猶火也，方發之初，滅之甚易，既以燄熾，則焚山燎原，不可撲滅，豈不甚可畏哉！俗語有云：「得忍且忍，得戒且戒。不忍不戒，小事成大。」試觀今人忿爭致訟以致亡身及親，破家蕩業者，其初亦豈有大故哉？被人少有所觸擊則必忿，被人少有所侵陵則必爭，不能忍也則詈人，而人亦詈之，毆人而人亦毆之，訟人而人亦訟之，相怨相讐，各務所勝，性既熾，無緣可遏，此亡身及親，破家蕩業之所由也。莫若於其将忿之初則便忍之，纔過片時則心便清涼矣。於其欲爭之初則且忍之，果所侵有利害，徐以禮貌問之，不從而後，徐訟之於官可也。若蒙官司見直，行之稍峻，亦當委曲，以全鄰里之義。如此則不傷財，不勞神，身心安寧，人亦信服，此人世中安樂法也。比之忿鬭爭競，喪心費財，伺候公庭，俯仰胥吏，拘繫囹圄，荒廢本業，以至亡身及親，破家蕩産者，不亦優乎？？彭仲剛續編。

人心有所忿者，必有所爭，有所爭者，必有所損。忿而爭鬭損其身，忿而爭訟損其財，此君子所以鑒易之損而懲忿也。昔唐婁師德戒其弟曰：「吾甚憂汝與人相競。」弟曰：「人唾面亦自拭之？」師德曰：「凡人唾汝，是其人怒也，拭之，是逆其心，何不待其自乾？」又有人問吕滎公希哲字原明。曰：「爲小人所詈辱，何以處之？」公曰：「上焉者，知人與已本一，何者爲詈？何者爲辱？自然無忿怒心。下焉者，且自思曰：我是何等人，彼爲何等人，若是答他，與他一等。如此自處，忿心自消。」人能如二公之言，無所爭矣。晉劉伶嘗醉與俗人相忤，其人攘臂奮拳而往，伶曰：「雞肋不足以當尊拳。」其人笑而止。此可謂能消忿心而不與人爭鬭者也。尚書楊玢致仕歸長安，舊居多爲鄰里侵占，子弟欲詣府訴其事，玢批狀尾云：「四鄰侵我我從伊，畢竟須思未有時。試上含元殿名。基上望，秋風吹草正離離。」子弟不復敢言。此可謂能消忿心而不與人爭訟者也。魏子曰：「己是而彼非，不當與非爭；彼是而己非，不當與是爭。」彼二女爭桑至于滅邑。楚邊邑脾梁之女與吴邊邑處女蠶爭界上桑，二家相攻，吳國不勝，遂更相伐，滅吳之邊邑。吳怒伐楚，取二邑而去。出後漢趙曄《吳越春秋》。兄弟訟田至于失歡。清河百姓乙普明兄弟爭田，積年不斷。太守蘇瓊諭之曰：「天下難得者兄弟，易求者田地。假令得田地失兄弟，心何如？」普明兄弟叩頭乞外更思分異，十年遂還同住。皆忿心使之耳。況又有譁徒惡黨激之，使鬪嗾之，使訟不止【一】，亡身及親，破家蕩產不已也。何提刑耕《論俗》詩曰：「時間忿怒便行拳，招引官司在眼前。下獄戴枷遭責罰，更須枉費幾多錢。」「他侵我界是無良，我與他爭未是長。布施與他三尺地，休誇誰弱又誰强。」「寫狀唆人去入官，人時容易出時難。引人平地破家產，他在傍邊冷眼看。」「傷人利己事多端，唆訟尤爲第一般。二競力疲俱顛息，中人未了又經官。」傳曰：鷸蚌相持，漁人之利。《春秋後語》：蘇代曰：臣過小水，見小蚌方出暴，而鷸啄其肉，蚌合而挾其喙。鷸曰：「今日不雨，明日不雨，必見蚌脯。」蚌亦曰：「今日不出，明日不出，必見鷸死。」鷸蚌兩不相捨，漁父得而併擒之。諺曰：與人不足嗔，人相論起屋。鬪訟者盍亦反而思之曰：激吾之鬪者，必有所爲也；嗾吾之訟者，必有所圖也。吾可中其計乎？思念及此則鬪訟之心自冰釋矣。必不得已而至鬪，鬪而至于訟，畧求直可也，必求勝不可也。淳祐初，尚書江古心萬里守吉州，其《勸農文》有曰：如里巷間朋友、親戚間有訟，或是一家兄弟骨肉自有訟，某曲某直，雖是見得分曉，直者不必甚勝，曲者不必甚負。寧爲民間留有餘不盡之意，使親戚依舊成親戚，朋友里巷依舊成朋友里巷，自家兄弟骨肉依舊成兄弟骨肉。其意甚忠厚也。官司大率忠厚如此而昧者不察，往往自縣而州，自州而臺部，詞訟不已，必欲求勝，寧不自取終凶之禍哉！此亦鄉無善士以表率之，禮義消亡，風俗頹敗以至

【一】使訟不止　「止」原作「至」，據文意改。

於此。獨不見鄰邦之美俗乎，渝川呉寺丞家，世有典型，鄉人則之，興於禮義十數年来，間有爭者不質於官，而質於其孫吟峯先生。樊字和卿。以其平心率物，公是公非，足以服人也。至有畏其公議，望廬而返者，相與言曰：寧自議讓，無使吟峯先生聞之。人以爲有王烈之風焉。嘗考《宜豐圖志》，見邑之前輩亦有此風，如無爲居士蔡中奉字伯恭。築義方書院以教鄉人，訟者亦不愬於官而決於居士。想見當時風俗淳厚，雖有爭訟亦不如今日之甚也。嗚呼！中奉已矣，九原不可作矣，雖無老成，尚有典刑，是邦大夫之賢者與其士之仁者有能化風俗而不化於風俗，使鄉邑之間薰其德而善良。賣私鬬之劍以爲牛，移教訟之筆而傳孝。庶不與南康、廬陵、宜春三郡並蒙惡聲，諺云：「瑞袁虔吉，頭上插筆。」虔即贛州吉南康郡。且不負江西道院主人爲父老雪恥之意，亦俊區區之所望也。樞相雷文簡公，孝友之高祖新鼎臣，爲人長者，鄉里號曰慈悲居士，祖就有道屢魁郡庠。父孚保信由上舍登進士第，居官清白長厚，好德尚義，新以樞相恩贈太子太保，就贈太子太傅，孚贈太子太師。按《圖志》云：自唐雷衡咸通中人至孚十一世，未嘗訟人於官，時以爲積善之報。公宜豐人也。因附録於此，以爲邑人爭訟者之勸。應俊續編。

謹户田

常人之家，每被官司追呼禁繫，不得安寧者，多緣户門之事，田産之爭，此最不可不謹也。大抵税賦宜及早輸納，不使違期，差役合依理承認，不須妄糾。以至交易，尤當審細，須防卑幼寡婦重疊私取之類，致有違礙。又須錢物過度牙保契要之類，凡事分明具帳，取問親鄰，依限投印契書，即時交業抱税。無紐債負以准折交易，無擡虚價以蒙昧親鄰，無詭名隱寄以避免賦役，無廣作四至以包占他業。抱税則盡其數，不可使少抱，未抱則還其錢，不可使代納。已典而就賣者酬其價，限滿而取贖者聽其贖，理曲而被訴者還其業。其或理直而有爭競則當聞之於官，不可强種强割。强種强割，勢必鬭爭，忽有殺傷，必遭刑敗。至於分析財産，務在和平，寧可敦篤親屬，損己分以資骨肉；不可爭訴州縣，竭家貲以奉吏胥。如前數事，苟能謹守力行，無貪小利而不念大患，無見目前而不恤後来，無爭虚氣而不思實禍。如此則追呼不至其門，刑責不及其身，在家無耗費之財，與人無爭忤之怨，豈不樂哉！彭仲剛續編。

積陰德

人之所以能安身立家，長育子孫者，不可但恃其智力而已，必積行陰德而後爲天地之所祐，鬼神之所福，則其身康强，其家昌盛，其子孫逢吉。苟惟矜恃智力，多行不義，不祐於天地，不福於鬼神，未有不禍敗而覆亡也，若不在其身，必在其子孫。故陰德不可以不修也。夫所謂陰德者，何也？知善之可欲而力行之，知不善之不可爲而不爲，不求知，不責報，不以隱顯二其心，夫是之謂陰德。能行陰德者，不矜智以詐愚，不逞勇以苦怯，不恃强以陵弱，不挾衆以暴寡，不以口腹之欲而戕殺物命，不以己私之利而妨害他人。凡事之有負於心，有害於物者，皆不忍爲也。凡事之有便於人，有利於衆者，皆所樂爲也。寧可輸人便宜，不可討人便宜。苟能如是，豈不爲天地所祐，鬼神所福哉？如近世所見人行數事，皆獲善報：或平價糶穀求濟饑民，或高貲置産深憐失業；或得業即時受税，不使虚掛名籍；或買業亦許收贖，不欲奪其祖産；或周旋族黨閭里，極其歡心；或存撫鰥寡小弱，時加賑恤；見人不善，委曲勸誨；聞人禍患，多方救解；修橋道以便行人，築堰埭以利農畝，散藥食以濟病人，爲粥食以食餓者，憐男女之無歸而爲之婚嫁，憫旅喪之不舉而爲之津遣，收棄子於路而養育以俟其長，拾遺物於道而標記以待其取。如此之類，不一而足，往往身獲壽考，家道興隆，子孫蕃盛。陰德之報，豈誣也哉！彭仲剛續編。

「積善之家必有餘慶，積不善之家必有餘殃。」此《易》辭也。《易》六十四卦，凡事不言「必」，獨坤之文，言論積善有慶，積不善有殃，斷以兩「必」字言之，以其效之必應也。夫聖人言積善不於他卦而獨於坤卦者，以坤屬陰，一元之善在坤爲陰德也。積陰德者必有福慶，不積陰德者必有禍殃。蓋人有一二善，未必便有善報。《左氏傳》曰：天之假助不善，非祚之也，厚其凶惡而降之罰也。然今日作一善，明日作一善，積之不已，人欽神相，福慶必來。今日作一不善，明日作一不善，積之不已，人怨神怒，禍殃必至。故聖人《繫辭》又申之曰：「善不積，不足以成名；惡不積，不足以滅身。」成名即慶也，滅身即殃也。豈惟身名而已哉。《易》之所謂餘者，言其殃、慶尚及子孫也。前漢于公爲縣獄吏，嘗曰：我治獄多陰德，未曾有所寃，子孫必有興者。至定國爲丞相。陳平封曲逆侯，嘗曰：吾多陰謀，道家之所禁，吾世即廢亦已矣，至曾孫何而絶。夫于公陰德之多善之積也，雖身爲縣吏而子孫至於丞相，則善之有餘慶，誠可必矣。陳平陰謀之多，不善之積也，雖身爲將相，而子孫至於絶滅，則不善之有餘殃，亦可必矣。以是觀之，則善與不善，顧在人所積何如耳。而餘慶、餘殃，皆於子孫見之，人又何苦不爲善而爲不善耶？雖然，聖人於益之大。象又曰：「風雷，益，君子以見善則遷，有過則改。」而象辭亦以有慶言之，然則積善固有慶也，遷善亦有慶也，積不善之家，有能悔過，洗心向善，亦可轉禍爲福。如近世信州周才美家，其子娶婦賢德能幹，翁令分管家務，付與斗斛秤尺，各有兩件，諭以所用出納輕重、大小、長短名色。其婦不悅，拜辭舅姑，不願爲婦，恐他日生子敗家，以謂妾之所出，枉負其辜。翁愕然曰：「吾家薄有田業，可供伏臘，何遽辭去？」婦曰：「公平日所爲有逆天道，妾心有媿，居之不安。」翁曰：「汝言誠是，當悉除毀。」婦曰：「未可問其所用年數若干。」翁曰：「約計二十餘載。」婦曰：「必欲妾留此侍奉，若許以小斗量入，大斗量出，小秤短尺買物，大秤長尺賣物，以酬前日欺瞞之數。果能如是，妾即願留。」翁感悟，欣然許諾。其婦後生二子皆少年登科。嗟！夫才美何如人也，改過自新尚獲賢孫之報。傳曰：「人誰無過，過而能改，善莫大焉。」才美有之因併舉，以爲世俗勸。附倪尚書思《勸積陰德》文：夫積土成山，積水成池，陰德之在人也亦然。于公治獄不寃而子孫以興，孫叔敖埋蛇去害而其身以貴，報應之理捷於影響。夫所謂陰德者，非獨富貴有力者能爲之，尋常之人皆可爲也。世有樂施者，施棺槨、砌水井、修橋路，行此等事固其一念之善，然作用彰彰在人耳目，此乃爲陽德也。惟能廣推善心，務行方便，不沮人之善，不成人之惡，不揚人之過。人有窘乏吾濟之，人有患難吾救之，人有仇讐吾觧之。不大斗衡以倍利，不深機穽以陷物，隨力行之如耳之鳴，惟己自知人無知者，此所謂陰德也。隋李士謙之語：今日爲之，明日又爲之，今歲作之，明歲又作之，則所謂積者，如是而已，豈有甚高難行之事哉？然世之人鮮有能至焉者，以其未知存心故也，苟能以存心爲先，開方便之門，行正直之道，不望報，不邀功，則天之報也，殆見福壽增崇，門户昌盛，子孫光顯，有不可得而辭者矣。佛氏有言：修善因結善緣，永得人身，生生富貴，代代榮昌。又曰：作福相似，来生我家。與我同志勉之可也。又曰：好陰地不如好心地，好住場不如好肚腸。心地肚腸好，子孫代代昌；心地肚腸惡，子孫代代殃。君不見無限朱門生餓殍，幾多白屋出朝郎。豈因風水能如此，蓋爲前人行短長。風水人間不可無，亦須陰德兩相扶。若無陰德憑風水，再生郭璞也難圖。應俊續編。

◉朱勝非編

《紺珠集》選二種

趙龍整理

點校説明

《紺珠集》，乃宋人節抄歷代子書而成。關於《紺珠集》作者，説法不一。是書前有南宋紹興七年（一一三七）王宗哲序云：「紺珠之集，不知起自何代……建陽詹公寺丞，出鎮臨汀，僕幸登其門。一日出示兹集，俾之校勘訛舛，將命工鏤板，以廣其傳。」據此，詹寺丞所刻之本闕撰者名氏。然南宋晁公武《郡齋讀書志》卷一三、陳振孫《直齋書録解題》卷一一俱著録此書，並云乃朱勝非抄諸家傳記、小説而成。又《直齋書録解題》卷六時令類《秦中歲時記》條云：「朱藏一《紺珠集》、曾端伯《類説》載此書。」

朱勝非（一〇八二—一一四四），字藏一，蔡州（今河南汝南）人。生平見《秀水閒居録》點校説明，事蹟詳見《宋史》卷三六二《朱勝非傳》。

概而言之，關於《紺珠集》作者之爭議分爲兩類：一爲不著撰人，二是斷定爲朱勝非所撰。至清代，四庫館臣據王宗哲序對是書作者提出質疑，雖有一定道理，卻未否定宋人晁、陳二家著録之可信度。就晁氏《讀書志》成書經過而論，其著録《紺珠集》云朱勝非撰，陳氏亦踵其説，二説或皆不誤。《紺珠集》當爲朱勝非隨手抄録，日積月累，編輯成册。

《紺珠集》宋代即有刊刻，然宋本今已不可見。後屢經抄刻，形成刻本與抄本二大版本系統。

明天順間，賀榮刻《紺珠集》十三卷，爲此書存世較爲完整之刻本。《紺珠集》在明代即有抄本；至清代，因刻本稀見，多賴抄本流傳，其中以清尤貞起抄本、龔翔麟金志章抄本最具代表性。

王宗哲評價《紺珠集》曰：「凡可以備致用者，雜出於諸子百家之説，枝分派别，原始要終，粲然靡所不載，誠有益於後學。」於今人而言，《紺珠集》文獻價值主要體現在文字校勘和内容輯補二方面。《紺珠集》所引，自秦至宋，以唐五代作品最多；卷十至十二之釋贊寧《物類相感志》、蔡襄《茶録》、丁用晦《芝鏈録》、王曾《言行録》等幾種宋人著作，當是紹興七年刊刻時「增益其所未能」而致。《紺珠集》所引之書今多殘佚，故可藉以補傳本之闕，窺探古籍之本真，存原本之梗概，成爲後人稽考之淵藪。

《紺珠集》、曾慥《類説》及元人陶宗儀編《説郛》三書，同屬「雜纂」之屬，引書繁而富，其中《紺珠集》全書徵引典籍一百四十三種，曾慥《類説》引書二百六十九種，其中約一百二十餘種與《紺珠集》重複，《説郛》引書則更多，而三書所徵引之書，在篇名條目及文字繁簡方面，頗有異同。就三書徵引宋人筆記而言，約九十餘種，惟賴此三書而得以管窺概貌。今取不見於他書而獨爲《紺珠集》所收宋人筆記，或雖見於他書，然内容文字不及《紺珠集》所收詳備者，即《唐宋遺史》、《雞跖集》等二種。此二種筆記，《類説》亦有異文，爲盡可能接近筆記原貌，本次整理兼採之。然此二種筆記亦有零星佚文散存他書，囿於體例，此次整理不作輯補。所選兩種筆記點校説明如下。

《唐宋遺史》一作《遺史記聞》，四卷，詹玠撰。詹玠，衢州西安（今浙江衢州）人，約活動於北宋中後期，北宋理學家陳襄婿。據趙令畤《侯鯖録》卷八，玠嘗作《詠梅》、《説棋》、《牡丹》諸詩。是書見《秘書省續編到四庫闕書目》、王應麟《玉海》、《宋史·藝文志》諸書著録；又據《玉海》「治平唐宋遺史」條，此書當撰成於宋英宗治平四年（一〇六七），所記内容多爲唐至北宋中前期志異，間雜賈島、孟郊、崔郊等名人逸聞。部分内容取自前人著述，如「南楚材妻詩」、「賦詩得妓」、「侯門深似海」等條，皆出自唐范攄《雲溪友議》，而較之更詳。書中摭遺掌故，亦成爲時人創作取材之源，如吴處厚《青箱雜記》、王闢之《澠水燕談録》、劉斧《青瑣高議》諸書多有徵引，而阮閲《詩話總龜》引自本書之詩話佚文，尤爲珍貴。

此書原本久佚，朱勝非《紺珠集》、曾慥《類説》有節録，而《類説》所録，俱見《紺珠集》；另，《錦繡萬花谷》、《古今事文類聚》、《白孔六帖》、《分門古今類事》、《古今圖書集成》等書存有佚文。

此次整理，以明天順刻本《紺珠集》所收爲主，校以影印文淵閣《四庫全書》本《紺珠集》（簡稱四庫本《紺珠集》）、一九五五年文學古籍刊行社影印明天啓六年岳鍾秀刊《類説》（簡稱天啓本《類説》），其他訛誤文字，據有關史籍改正。他書所引佚文不收。

《雞跖集》卷帙不詳，不著撰人。關於本書作者，南宋時已生混亂，疑莫能明辨。王十朋《東坡詩集注》、施元之《施注蘇詩》等書徵引此書，俱云作者爲王子韶。而晁公武《郡齋讀書志》卷一三著録，作者未詳；　又趙希弁《讀書附志》有《宋景文雞跖集》二十卷，云「宋景文公祁所集也」，有建炎元年（一一二七）黄邦俊序。　馬端臨《文獻通考·經籍考》據晁氏著録，亦作十卷，無撰者。《宋史·藝文志》則著録有宋庠《雞跖集》二十卷，作者或誤。綜前所述，是書卷數或有十卷、二十卷之分，作者或題王子韶，或署宋祁，或不著作者名氏，莫衷一是。

晁氏認爲是書名源出《淮南子》「善學者，若齊王食雞，必食其跖」之句。「集書傳中瑣碎佳事」，分門編次成書，多記名物、異聞及名人逸聞，與陶穀《清異録》相類。

是書原本久佚，朱勝非《紺珠集》、曾慥《類説》、陶宗儀《説郛》俱有節録，而《紺珠集》、《類説》之文各有側重，《説郛》所載，均見《紺珠集》；　另，《錦繡萬花谷》、《記纂淵海》、《古今合璧事類備要》、《白孔六帖》、《六帖補》、《山堂肆考》等書存有佚文。

此次整理，以明天順刻本《紺珠集》所收爲主，兼收一九五五年文學古籍刊行社影印明天啟六年岳鍾秀刊《類説》録文，校以影印文淵閣《四庫全書》本《紺珠集》（簡稱四庫本《紺珠集》）、《類説》（簡稱四庫本《類説》），其他訛誤文字，據有關史籍改正。　他書所引佚文不收。

目録

校勘記

唐宋遺史

詹玠　撰

衣錦將軍

錢鏐，臨安人。里中有大木，鏐幼時常戲其下。後爲吴越國王，宴父老，山林皆覆錦，名其木「衣錦將軍」。

范攄子詩

唐末，吴人范攄處士，子七歲能詩。贈隱居者云：「掃葉隨風便，澆花趁日陰。」處士方干曰：「此子必垂名。」因作《夏日》詩云：「閒雲生不雨，病葉落非秋。」干曰：「惜其不壽爾！」未幾，果卒。

金蓮燭

宣宗將命令狐綯爲相，前數日夜召，更深方歸院，以御前金蓮燭賜以送歸。院吏望見燭，以爲駕幸，已而綯至。時以爲榮。

南楚材妻詩

進士南楚材，始娶薛氏。後遊潁川，欲别婚貴族，遣僕取琴書，以示無歸意。薛氏善畫而能詩，知楚材欲見絶，乃自圖其形，題詩其側以寄之，云：「欲下丹青筆，先拈寶鏡看。已驚顔索寞，漸覺鬢凋殘。淚眼描來易，愁腸寫出難。恐君渾忘卻，時展畫圖看。」南得詩，大慚而退。

手印屏風

明皇所幸美人王氏，數夢人招飲密會，具言於上。上曰：「必術士所爲，汝若再往，以物誌之。」其夕，夢中又往，因就研中濡手印於屏風上。既悟即告，潛索於外，果於東明觀中得其手印紋，而道士已遁矣。

賦詩得妓

韋應物爲蘇州守，嘗赴杜鴻宴醉歸，宿傳舍。既醒，見二妓在側，驚問之，乃曰：「郎中席上與司空詩，因遣某等來問。」其詩言曰：「高髻雲鬟宫様粧，春風一曲杜韋娘。司空慣見渾閒事，斷盡蘇州刺史腸。」

侯門深似海

崔郊之姑，有婢甚美，郊嘗私之。未幾，婢出，再入于頔家。郊因寒食出遊，於車中見，立馬徘徊相顧，即爲密賜之云：「公子王孫逐後塵，緑珠垂淚裛羅巾。侯門一入深如海，從此蕭郎是路人。」頔見詩，以婢賜郊。

渠伊錢

張崇帥廬州，多不法，士民苦之。一日入覲，邦人幸甚改任，相謂曰：「渠伊必不復来矣。」崇歸，聞其語，乃計口率渠伊錢。明年，再入覲，盛傳再罷。府人亦不敢顯言，以崇多鬚，皆將鬚爲慶事。崇歸，又率將鬚錢焉。

如意女子詩

如意中，有女子七歲能詩。則天召見，試之，令賦送別兄弟，云：「別路雲初起，離亭葉正飛【一】。所嗟人異鴈，不作一行歸。」

【一】離亭葉正飛　「正」原闕，據天啟本《類説》卷二七補。

作敲字佳【一】

賈島苦吟，赴舉至京師，得句云：「鳥宿池邊樹，僧敲月下門。」又於欲改「敲」爲「推」，於驢上舉首吟哦，引手作推敲之勢。不覺衝京尹韓退之節，爲左右擁至，具述其事。退之笑曰：「作『敲』字佳。」乃命乘驢並轡，論詩久之。

黄蛇食藤

明皇微時，嘗至洛陽令崔日用家【二】，日用留飲未具。明皇寢於書室，庭前有藤盛開，忽一大黄蛇繞架食其花，須臾入明皇所寢室，日用逐之不見。明皇乃寤，曰：「適飢甚，夢採藤花，食之甚美。」

玉簫之約

韋皋未仕時，寓於姜使君門館。姜子曰：「荆寶待皋甚厚，有小青衣曰玉簫，美而艷絶，即以贈皋。」凡數年，皋歸覲，與玉簫約七年復来，因以玉指環贈之。皋踰期不至，玉簫歎曰：「韋家郎不來矣！」絶食而死。後皋鎮蜀，荆寶往見，問玉簫，知其已死，甚憐之。皋誕日，東川盧尚書獻歌妓爲壽，名玉簫，遽呼視之，宛然舊人，中指玉環隱起。

【一】作敲字佳　「敲」原作「搞」，據四庫本《紺珠集》、天啟本《類説》改。

【二】嘗至洛陽　「至」原闕，據四庫本《紺珠集》補。

三天子氣

五代周太祖時，有麻衣和尚善望氣。李守正叛河中，周祖親征，麻衣語趙韓王曰：「李侍中安得久，其城下有三天子氣。」未幾，城陷。時周世宗與本朝太祖、太宗從行【四】。

龍興倉

汴都興國寺也【五】。舊有龍興寺，周世宗廢爲倉【六】。國初，寺僧屢訴求復爲寺。太宗怒其煩瀆，遣使封劍誅之，且曰：「懼即斬，不懼再奏。」僧行臨刑不懼，使以聞。太宗甚喜，即日如其請，復改爲寺。

抱琴踰垣

真宗祀汾陰，登山望林麓中有亭檻，問曰：「何所？」乃隱士魏野草堂。遣使往召之，野方鼓琴教鶴舞，聞使至，抱琴踰垣遁去。使聞，上甚歎美之。

釜中龍

南唐時，有蒼頭持龍水圖求貨，或得之將練以服。忽釜中雲蒸起，見二龍騰躍，穿壁

【四】太宗從行　「太宗」原闕，據天啟本《類説》卷二七補。

【五】汴都　「汴」原作「沐」，據天啟本《類説》卷二七、《古今圖書集成·經濟彙編考工典》卷六五《倉廩部》引《遺史記聞》補。

【六】廢爲倉　「倉」原作「食」，據同上改。

而去。

三世男子

開寶末，神降於鳳翔府張氏家，其聲如嬰兒，有禱必應。自言上天尊神，詔即所居置太平宮，嚴奉之，以張氏爲羽士，掌其宮。先是，張氏居里中無行，人或以爲言。神曰：「自陝以西，三世爲男子者，惟張一人。卿曲縱逸，不足爲累【七】。」

清非生

太子中允王綸，有女年十八【八】。一日晝寢若魘，有物憑附而語，稱清非生，呼其女爲燕華君，能三十六體天篆，又能詩。後數月如故，皆不能記矣。

【七】不足爲累　「足」原作「累」，據四庫本《紺珠集》、天啟本《類説》卷二七改。

【八】年十八　「年」原闕，據四庫本《紺珠集》補。

雞跖集

佚　名　撰

日三竿

《南齊·天文志》：永明五年，日出三竿，朱色、黄色、赤暈。

月半環

韓渥詩：「月若半環霜若玉。」

星牢

貫索九星，賤人之牢也。九星皆明，天下獄煩。出《列宿圖》。

銀灣

謂之銀河也。出許洞詩。

桑林雨

應璩書曰：「湯禱桑林，克致爲雨。」

去天尺五

韋曲、杜鄠近長安。諺曰：「韋曲、杜鄠，去天尺五。」

分香

陸士衡《弔魏武敘》云：「武帝遺令曰：『餘香可分與諸夫人。』」

蓴龜

《雜俎》曰：「蓴根，羹之絶美，江東謂之蓴龜。」

抱甕

《語林》曰：「羊稚舒冬月釀酒【一】，令人抱甕，速得味好。」

【一】羊稚舒　原作「竿雅書」，據《太平御覽》卷二七、《海録碎事》卷六、《説郛》卷五九改。

食猪

宋明帝能食猪肉炙，至二百臠。

瓊筵

張説詩云：「玉斝飛千日，瓊筵薦八珍。」

長鎗

李賀詩：「長鎗江米熟，小樹棗花香。」

數米秤薪

《僉載》云：「韋莊、温慳，數米而炊，秤薪而爨。」

釵澤

馮衍妻任氏，悍忌，惟一婢，頭無釵澤，面無脂粉。

休休休

司空圖歌曰：「休休休，莫莫莫【二】，伎倆雖多性靈惡，賴是長教閒處著【三】。」

白足禪僧

魏武帝時，有一僧足白，名思始，甚有神異，號「白足禪師」。

談柄

南朝棲霞寺大朗法師，每談論，手執松枝，以爲談柄。

甲乙夜

唐文宗曰：「若不甲夜觀事，乙夜讀書，何以爲人君也？」

出於繫表

庾信《哀江南賦》註曰：「何休見鄭玄註《易》曰：『子之道，出於繫表矣。』」

【二】莫莫莫　原作「莫休休」，據四庫本《類説》、《海録碎事》卷八改。

【三】賴是長教閒處著　原作「懶是忙處長教閒處看」，據四庫本《類説》删改。

薛濤

元和初，薛濤好製小詩，惜其幅大，乃狹小之。皆以爲便，减諸牋皆小，名曰「薛濤牋」。

柳三眠

李義山賦曰：「豈如河畔牛星，隔年只聞一過，不及苑中人柳，終朝剩得三眠。」註：「漢苑中有人形柳，一日三起三倒。」

急灘上水舡

唐裴延裕在内庭，文書敏捷，號「下水舡」。梁太祖受禪，姚洎爲學士，號「上水舡」，又號「急灘頭上水舡」。

天乳星

《列星圖》曰：「天乳星明，則甘露降。」

銀浦

李賀謂天河爲銀浦。

綠莎廳

河中府舊有綠莎廳，王元之詩云：「綠莎廳事舊鳴蛩。」

縹瓦

瑠璃名縹瓦，劉陶詩云：「縹碧以爲瓦。」

雞跖

《吕氏春秋》：「善學者，如齊王食雞，必食其跖。」

雌甲辰

裴晉公有遺以槐癭者，郎中庾威在坐，曰：「此是雌樹生者。」公問郎中年甲，對云：「與公同是甲辰。」公笑曰：「郎中便是雌甲辰。」

玉虎鳴

《河圖》謂雷聲。

雨虎

《關山圖》：「霍山有雨虎如蛹，雨則出。」

玉女披衣

王采《安居記》：萍鄉有玉女崗，天將雨，則出五色雲，人謂玉女披衣。

參旗井鉞

傅奕作參旗、井鉞十二軍號。

神漿

盧思道謂雨曰：「神漿可挹，天酒自雲。」

八穗書

韋續云：「神農因嘉禾作八穗書。」

孤雲兩角

興元南有路通巴州，極高險，謂之「兩角」。諺曰：「孤雲兩角，去天一握。」因謂此爾。

浮玉堂

《太湖記》云：「湖是仙人浮玉北堂。」

鱗屋

《楚詞》注：「河伯以魚鱗爲屋。」

平泉石

李衛公詩序曰：「後世以平泉一石一花移放他處者，非李氏子孫。」

交魚符

唐宫殿門給交魚符【四】。

金杯玉椀【五】

桑道茂謂公卿宅曰：「永寧坊是金杯，破可重製；安邑里是玉椀，一破不復全矣。」

甲乙丙丁名

樂天作《牛奇章石記》曰：「公嗜石，以甲乙丙丁爲品，太湖爲上，羅浮次之，天竺又次之，餘爲下。」

拒風冠

南齊永明中，高麗使至，冠拒風冠，曰：「古弁之遺像。」

鈎絡帶

《吴録》云：「革帶是也。」

【四】唐宫殿門給交魚符　「宫」原作「車」、「給」原作「絲」，據四庫本《紺珠集》及《新唐書》卷二四《車服志》改。

【五】金杯玉椀　原作「玉杯金椀」，據四庫本《紺珠集》改。

五兩

《北堂書鈔》：「候風之羽，楚人曰五兩。」

妓衣

梁夏侯亶妓妾，客至，令隔簾作樂，後以簾如妓衣耳。

婪尾酒

最後飲酒也。《太平廣記》虎部申屠澄事【六】。

蓴龜

《酉陽雜俎》：「蓴根甚美，名蓴龜。」

玉笋生

李相知舉門生，多清秀，謂之玉笋生。

【六】申屠澄　「澄」原作「證」，據《太平廣記》卷四二九引《河東記》改。

名在月中

《會稽先賢傳》：闞澤年十三，夢姓名炳然在月中。

雲籃紙

段成式與温庭筠詩序云：「予在九江造雲藍紙，輒送五十板。詩云：『三十六鱗充使時，數番尤德裹相思。』」

鍊雪丹

《二儀録》：「蕭史造鍊雪丹，與弄玉塗之【七】，即今之水銀粉是也。」

反魂榆

《十洲記》：以玉釜煮反魂榆。

天子南庫

《市舶録》：金山珠海，天子之南庫。

【七】弄玉塗之　「玉」原闕，據四庫本《紺珠集》、《續博物志》卷一〇補。

戚閈

宋太子妃哀册：「飛芳戚閈。」

萬日墳

杜牧作《韋温墓誌》云：「温瘍生於首，謂其壻曰：『予校書日，夢黄衣攝去，道逢人告曰：彼墳至大，功須萬日。遂痞，今萬日矣。』翌日，果不救矣。」

呵叱木偶

王弼注《易》，刻木爲鄭玄象，見其所誤，輒呵叱之。

毫錐

元白應制，用細筆名毫錐，作詩云：「策目穿如札，毫鋒鋭似錐。」

此地十倍【八】

沈約郊居宅成，劉杳贊之，約報曰：「惠以二《贊》，詞采妍富，便覺此地十倍。」

【八】此地十倍　「倍」原作「部」，據四庫本《紺珠集》、《景定建康志》卷四二改。

飲墨

北齊策秀才，有冒濫者，飲墨一升。

尤伯紙

蕭子良與王僧虔書：「尤伯之紙，妍妙輝光；仲將之墨，一點如漆。」尤伯，人之名也。

山庭日角【九】

《論語摘輔象》：「顏淵山庭，日角。」

蟹朝魁

陸龜蒙《蟹志》云：江東稻初熟，蟹率執一穗，早夜指江而行，名蟹朝魁【一〇】。漁人以蕭葦承統取之，名蟹斷。

【九】山庭日角　「日」原作「月」，據《海録碎事》卷七、《記纂淵海》卷八七改。

【一〇】蟹朝魁　「朝魁」原闕，據四庫本《紺珠集》補。

獅子驄

隋文時，大宛獻馬，號「獅子驄」，隋末不知所在。後唐文皇得於鄭磑間，皮骨悉穿，食以鍾乳，生五駒，皆神駿。

旌節花

唐王處回家居，有道士以花種遺云：「此仙家旌節花也。」後處回歷三鎮焉。

瓜葵三輩

《齊民要術》：瓜早晚及中三輩，又葵三，稻更生，歲終得三輩【一一】。

小門下

《通典》謂給事中。

宦海

《仙傳拾遺》：有道士謂顏真卿：「奇骨可度世，不宜沉名宦海。」

【一一】得三輩　「三」原闕，據四庫本《紺珠集》補。

象耕鳥耘

陸龜蒙曰：「耕欲深，如象之履；耘欲疾【一二】，如鳥之啄。」他説舜之神怪，皆非也。

【一二】耘欲疾　「欲」原作「如」，據四庫本《紺珠集》改。

《類説》選十八種

⊙曾慥編
趙龍整理

點校説明

《類説》，南宋曾慥編。曾慥，字端伯，號至遊子、至遊居士，又號至淑子。晉江（今屬福建）人，曾公亮四世孫。《宋史》無傳。曾慥約生於宋哲宗元祐年間（一〇八六—一〇九四）。官歷倉部員外郎、江西轉運判官、總領京湖錢糧財賦、太府卿、總領湖廣江西財賦京湖軍馬錢糧、秘閣修撰、右文殿修撰，知虔州、荆南、廬州。紹興二十五年（一一五五）卒。撰有《高齋漫録》、《集仙傳》、《至遊子》等，另編有《宋百家詩選》、《樂府雅詞》等。

是書撰成於紹興六年（一一三六）。紹興十年，有麻沙書坊本刊行，理宗寶慶二年（一二二六），錢塘人葉時重刻於建安（今福建建甌）。今北京國家圖書館所藏殘宋本《類説》三卷，當是葉時重刻之本。至明熹宗天啟間（一六二一—一六二七），由岳鍾秀據抄本訂正，釐定爲六十卷重新刊出，爲傳世之完整刻本，《四庫全書》亦據以收入。另，明清間又有五十卷鈔本流傳，上海圖書館、台灣「國家圖書館」俱有收藏。

陳振孫《直齋書録解題》卷一一著録：「所編傳記小説，古今凡二百六十餘種。」據本書總目，共列自漢魏至南宋初歷代筆記小説二百七十一種，實徵引二百六十九種，内容豐富，經史子集，無所不包。關於編纂緣由，殘宋本《類説》自序云：「小道可觀，聖人之訓也。余喬寓銀峰，居多暇日，因集百家小説，采摭事實，編纂成書，名曰《類説》。可以資治體，助名教，供談笑，廣見聞，如嗜常珍，不廢異饌，下筯之處，水陸畢陳矣，覽者其詳擇焉。」《四庫全書總目》評價曰：「其書體例，略仿馬總《意林》，每一書各删削原文，而取其奇麗之語，仍存原目於條首。但總所取者甚簡，此所取者差寬，爲稍不同耳。南宋之初，古籍多存，慥又精於裁鑒，故所甄録，大都遺文僻典，可以裨助多聞。又每書雖經節録，其存於今者以原本相校，未嘗改竄一詞。」又影印文淵閣《四庫全書》本《類説》書前提要云此書「爲陶宗儀《説郛》所自祖」，「若《紺珠》之太略，《説郛》之太繁，皆不如此書博約兼資，足稱完贍」。

《類説》所徵内容，在編纂時已經删節，但因其所録繁富，又有出於《太平廣記》、《紺珠集》之外者，成爲後人校勘、輯録佚文、稽考事物源流和詩文典故之淵藪，極具文獻價值。

因《類説》與《紺珠集》、《説郛》二書，同屬「雜纂」之屬，體例類同。三書所引宋人筆記，在篇名條目及文字繁簡方面，頗有異同。今取不見於他書而獨爲《類説》所收宋人筆記，或雖見於他書，然内容文字不及《類説》所收詳備者，即《燕北雜記》等十八種。此十八種筆記，《紺珠集》、《説郛》二書或有異文，为盡可能接近筆記原貌，本次整理兼採之。囿於體例，他書所存零星佚文，此次整理不作辑補。所選十八種筆記點校説明如下。

《秘閣閒談》又作《秘閣雅談》、《秘閣閑觀》、《秘閣閒話》，五卷，吴淑撰。吴淑，字正儀，潤州丹陽（今江蘇丹陽）人。幼才思敏捷，爲韓熙載、潘佑所器重。初仕南唐，入宋后，薦試學士院，授大理評事，預修《太平御覽》、《太平廣記》、《文苑英華》等。歷太府寺丞、著作佐郎，遷水部員外郎，至道二年（九九六），兼掌起居舍人事，預修《太宗實録》，再遷職方員外郎。咸平五年（一〇〇二）卒，年五十六。《宋史》卷四四一有傳。淑性「純靜好古，詞學典雅」，「善筆札，好篆籀」，有文集十卷、《事類賦》并注三十卷、《説文五義》三卷、《江淮異人録》三卷等。

是書見著録於尤袤《遂初堂書目》、晁公武《郡齋讀書志》、陳振孫《直齋書録解題》、馬端臨《文獻通考·經籍考》、《宋史·藝文志》等。主要載録「秘閣同僚燕談」，多鬼神、征兆類故事，以助閒談，博笑怡情。如「菩薩蠻詞」條，記盧絳夢飲蔗漿，見一白衣婦人歌《菩薩蠻》詞事，雖不飾雕飾，卻饒有趣味。佚文「吴淑丹陽」條，雖涉志怪，卻可資考證作者吴淑在南唐時之仕宦經歷，較具史料價值。

此書今不見傳本，曾慥《類説》、陶宗儀《説郛》有節文，其中《説郛》所收之「金梭」、「鬪蠹」二條見《類説》； 另，《新編分門古今類事》、《古今合璧事類備要》、《天中記》、《山堂肆考》等書存有佚文。

此次整理，以一九五五年文學古籍刊行社影印明天啟六年岳鍾秀刊《類説》爲主，兼收宛委山堂本《説郛》録文，校以影印文淵閣《四庫全書》本《類説》（簡稱四庫本《類説》），其他訛誤文字，據有關史籍改正。他書所引佚文不收。

《該聞録》十卷，一作《該聞集》，李畋撰。據王闢之《澠水燕談録》卷六，《該聞録》佚文「圖書經書事跡」、「凶宅」、「李畋見塔」、「鄭珏吉凶」條所載，大略可知李畋生平。畋，約生於宋太祖建隆元年（九六〇），字渭卿，自號穀子，華陽（今四川成都）人，出生於五門昌西橋附近。八九歲時，其大父「每教讀書，必令畫工圖經中事跡，一一指示解説其議」。從道士任奉古遊，博通經史，立志著述，性靜退，爲張詠所器重。景德二年（一〇〇五）科考不第，後隱居永康軍白沙山，從學者甚衆。召授懷寧主簿、國子監説書，改大理丞、知泉州惠安縣，知榮州，以國子博士致仕。嘗撰《孔子弟子傳讚》六十卷、《道德經疏》二十卷、《張乖崖語録》二卷、《谷子》三十卷，歌詩、雜文七十卷。皇祐二年（一〇五〇），年九十而卒。

晁公武《郡齋讀書志》著録此書云：「熙寧中致仕，歸，與門人賓客燕談，袞袞忘倦。門人請編録，遂以『該聞』爲目。又有雜詩十二篇，係於後。」陳振孫《直齋書録解題》小説家類亦著録，注云「又名《歸田録》」，當誤。另，尤袤《遂初堂書目》、《文獻通考·經籍考》、《宋史·藝文志》等皆有著録。

此書所載，多爲唐以來因果報應事。間雜逸聞，讀來饒有趣味，如「知縣生日」條，載太祖開寶（九六八—九七六）年間，神泉張姓縣令「外矜廉潔，内極貪瀆」，人物刻畫入木三分，故事性極强。亦有可資考史者，如「燎爆竹」條載，畋之鄰「爲山魈所祟」，畋令其除夕於庭落中「爆竹數十竿」，「爆竹知曉，寂然安貼」。據此可知北宋時期，除夕有燃爆竹以驅妖邪之習俗。

是書原本久佚，曾慥《類説》、陶宗儀《説郛》等有節録，然《説郛》所收俱見《類説》；另，《古今事文類聚》、《歲時廣記》、《新編分門古今類事》等書存有佚文。

此次整理，以一九五五年文學古籍刊行社影印明天啟六年岳鍾秀刊《類説》所收爲主，校以影印文淵閣《四庫全書》本《類説》（簡稱四庫本）、涵芬樓本《説郛》，其他訛誤文字，據有關史籍改正。他書所引佚文不收。

《荆湖近事》一作《荆湘近事》，十卷，陶岳撰。陶岳，字舜咨，永州祁陽（今湖南祁陽）人。祖蠲、父鈞，贈殿中丞。岳性清介，以儒學有名。於太宗太平興國五年（九八〇），進士及第，官太常博士、尚書職方員外郎。出知端州，余靖過端，訪諸父老言，爲硯所苦，前後刺史不求硯者，惟包拯及岳二人而已」。歷官四十年，五爲郡守，有廉潔名。卒贈刑部侍郎。著有《五代史補》五卷、《零陵總記》十五卷、《陶端州集》（卷數不詳）、《湖湘故事》一卷、《貨泉録》一卷等。

此書書名複雜，南宋高似孫《史略》卷五著録，作「《荆湘近事》，十卷。陶岳撰」；《通志·藝文略》亦載録，書名作《荆湖故事》。《宋史·藝文志》霸史類亦著録，同《史略》。又陳振孫《直齋書録解題》卷五「僞史類」著録《湖南故事》十卷，云：「不知作者。記馬氏至周行逢事。《館閣書目》作十三卷，蓋爲列傳十三篇，其實十卷也。文辭鄙甚。」《宋史·藝文志》：「《湖南故事》，十三卷。」有學者推測，《湖南故事》或即《荆湘近事》。然是書與《湖湘故事》（一作《湖南故事》）是否同爲一書，抑或各是別本，囿於文獻闕失而待考。

是書所記，涉五代割據時，湖南馬氏政權、周行逢事，間雜逸聞。惜乎久佚，曾慥《類説》有節録；另，陳元靚《歲時廣記》等書有零星佚文。

此次整理，以一九五五年文學古籍刊行社影印明天啟六年岳鍾秀刊《類説》所收爲主，校以影印文淵閣《四庫全書》本(簡稱四庫本)，其他訛誤文字，據有關史籍改正。他書所引佚文不收。

《洛中紀異録》一名《紀異録》，十卷，秦再思撰。秦再思，號南陽叟，生卒年不詳。《續資治通鑒長編》卷二二載，太平興國六年(九八一)十一月辛亥，「合祭天地於圜丘，大赦」。再思「上書願勿再赦，且引諸葛亮佐蜀數十年不赦事」。

是書見著録於《崇文總目》、《通志·藝文略》、《遂初堂書目》、《郡齋讀書志》、《文獻通考·經籍考》、《宋史·藝文志》等書，其中《宋史·藝文志》著録重出，一作《洛中紀異》，一作《洛中記異》，當爲同一書。

此書原本久佚，曾慥《類説》、陶宗儀《説郛》有節録；另南宋委心子編《分門古今類事》、王觀國《學林》等書存有佚文。

綜觀諸書所引，是書内容多爲讖緯應驗之事、國運興衰之兆，間雜名人逸聞。亦有可資考證、補史之闕者，如毋公刻板印行《文选》、《初學記》及「九經諸書」，於出版史研究而言，較具史料價值。南宋晁公武云是書所記，爲「五代及國初讖應雜事」。檢《類説》、《説郛》二書所引，「夢徵」、「曆差一日」、「金合子當歸」、「文武官別給食」、「金玉二象」等條均乃唐事，「宋之祀譽」條所記則爲宋初事，故而是書所載起唐初訖宋初，晁氏所言不確。

此次整理，以一九五五年文學古籍刊行社影印明天啟六年岳鍾秀刊《類説》爲主，兼收涵芬樓本《説郛》録文，校以宛委山堂本《説郛》（簡稱宛委山堂本）、影印文淵閣《四庫全書》本《類説》（簡稱四庫本《類説》），其他訛誤文字，據有關史籍改正。他書所引佚文不收。

《金坡遺事》三卷，錢惟演撰。惟演（九七七—一〇三四），字希聖，錢塘（今浙江杭州）人。吴越忠懿王俶第十四子，少補牙門將。太平興國三年（九七八），隨父歸宋，爲右屯衛將軍。歷右神武將軍。真宗時，以「博學能文辭」，招入學士院。咸平初，改太僕少卿，獻《咸平聖政録》。景德中，命直秘閣，預修《册府元龜》，除尚書司封郎中、知制誥，再遷給事中。大中祥符八年（一〇一五），爲翰林學士。坐私謁事罷。後累遷工部尚書。仁宗即位，進兵部，拜樞密使。初附丁謂，排斥寇準，及丁謂將得罪，遂擠謂以自解。罷爲鎮國軍節度觀察留後，改保大軍節度使、知河陽。天聖七年（一〇二九），改武勝軍節度使。判河南府，再改泰寧軍節度使。落平章事，爲崇信軍節度使，歸鎮卒。贈侍中，謚曰思，慶曆間，改曰文僖。事跡詳見《宋史》卷三一七《錢惟演傳》。惟演出於勛貴，文辭清麗，著有《飛白書敘録》、《玉堂逢辰録》、《奉藩書事》等。

是書晁公武《郡齋讀書志》、陳振孫《直齋書録解題》、馬端臨《文獻通考・經籍考》、《宋史・藝文志》，俱作三卷。據《玉海藝文校證》卷二三《淳化續韓林志》所載，是書成於天聖四年（一〇二六）三月十五日，所記内容多爲翰林院之事，包括「國朝禁林雜儀式事跡」，翰林院學士題名，「自建隆至天聖四年，凡四十七人；　自開元而下合三百一十五人」，「太宗御札、御詩及銘共九首，真宗詩六首標於上篇，終以雜記，晁迥别書三事附焉」，「其他典故，視前記詳矣」，乃研究唐宋翰林典制之重要史料。

該書原本久佚，朱勝非《紺珠集》、曾慥《類説》、陶宗儀《説郛》有節録，而《紺珠集》、《説郛》所録同，亦俱見於《類説》； 另，江少虞《宋朝事實類苑》、《古今事文類聚》、《宋名臣言行録》、《記纂淵海》、《古今合璧事類備要》、《詩話總龜》、《錦繡萬花谷》、《宋會要輯稿》等書存有佚文。

此次整理，以一九五五年文學古籍刊行社影印明天啟六年岳鍾秀刊《類説》所收爲主，校以影印文淵閣《四庫全書》本《類説》（簡稱四庫本）、明天順刻本《紺珠集》、涵芬樓本《説郛》，其他訛誤文字，據有關史籍改正。他書所引佚文不收。

《見聞雜録》二卷，趙概撰。趙概（九九六—一〇八三），字叔平，初名禋，「嘗夢神人金書名簿有『趙概』」，遂更名，虞城（今河南虞城）人。天聖五年（一〇二七）進士及第，通判海州，歷樞密使、參知政事，拜觀文殿學士、知徐州，以太子少師致仕。元豐六年卒，年八十八，贈太子太師，謚曰「康靖」。《宋史》卷三一八有傳。

概嘗編《諫林》二十卷上神宗。又有《趙康靖日記》一卷，「所記治平乙巳、丙午間在政府事」（見陳振孫《直齋書録解題》卷七）。尤袤《遂初堂書目》「本朝雜史」類著録有《趙康靖日録》，抑或同書異名也。

是書見著録於《宋史·藝文志》，作《見聞録》二卷。《永樂大典》卷一三一三九引作《具聞雜録》，當誤。所記内容，多爲掌故逸聞，可廣見聞，亦可資考證，如「四畏堂」條，言及名臣王旦「懼内」，深受妒婦之苦，對宋代女性史研究不無補益； 又如「宋公遺戒」條，可資宋代喪葬習俗研究。

曾慥《類説》、陶宗儀《説郛》有節録，其中《説郛》作《聞見録》，所録俱見《類説》； 另，江少虞《宋朝事實類苑》、謝維新《古今合璧事類備要》、祝穆等編《古今事文類聚》諸書亦有佚文。

此次整理，以一九五五年文學古籍刊行社影印明天啓六年岳鍾秀刊《類説》所收爲主，校以影印文淵閣《四庫全書》本（簡稱四庫本）、涵芬樓本《説郛》，其他訛誤文字，據有關史籍改正。他書所引佚文不收。

《見聞録》不分卷，胡訥撰。胡訥，泰州海陵（今江蘇如皐）人，北宋大儒胡瑗父。官至寧海節度推官，博學尚文，吕夷簡嘗薦其備修國史。慶曆元年（一〇四一）卒，贈太子中允。據王應麟《玉海》卷五八引《國史志》云：「天聖七年七月己卯，泰州泰興簿胡訥上所著《孝行録》二卷、《賢惠録》二卷、《民表録》三卷。」《孝行録》，陳振孫《直齋書録解題》卷七著録，作三卷。《文獻通考・經籍考》亦著録上述三種書，俱作三卷。

《見聞録》所記，多爲五代宋初朝野逸聞，亦有可資制度史研究之史料，如「置縣尉」條，言及五代時期，因「武臣擅州縣之權，遂罷縣尉」，宋太祖立國，倡復舊制。另，「嘲風詠月」、「蜂窠蟻穴」等成語典故即出自此書「不修霸業」、「蜂窠蟻穴」等條，極具故事性。

是書原本久佚，曾慥《類説》、陶宗儀《説郛》等有節録，而《説郛》所載，俱見《類説》；另，《記纂淵海》、《詩話總龜》、《錦繡萬花谷》、《事文類聚》等書存有佚文。

此次整理，以一九五五年文學古籍刊行社影印明天啓六年岳鍾秀刊《類説》所收爲主，校以影印文淵閣《四庫全書》本（簡稱四庫本）、涵芬樓本《説郛》，其他訛誤文字，據有關史籍改正。他書所引佚文不收。

《三朝聖政録》，《國史經籍志》作三卷，石介撰。石介（一〇〇五—一〇四五），字守道，一字公操，兖州奉符（今山東泰安）人。世爲農家，豪於鄉里。天聖八年（一〇三〇），舉進士甲科，授將仕郎、秘書省校書郎、鄆州觀察推官，官至太子中允，直集賢院。後因政治變故去官，「垢面跣足，躬耕徂徠之下」，學者稱「徂徠先生」。爲北宋古文運動重要人物，與孫復、胡瑗並稱「宋初三先生」。提倡「以仁義禮樂爲學」，標榜王權，崇尚儒家道統，斥佛、老。有《徂徠集》、《唐鑑》等行於世。

關於本書撰成年代，據《徂徠石先生文集》卷一八《三朝聖政録序》，當爲寶元三年（一〇四〇）。至於撰書緣起，序云：「及登仕路以來，時接縉紳大夫語，其説三聖之政益詳。然三聖之德、三朝之政，國史載之備矣。但臣以謂三聖致太平之要道，或慮國史紀之至繁，書之不精，聖人一日萬幾，不能徧覽。唐史臣吴兢嘗爲《貞觀政要》，臣竊效之，作《三朝聖政》。」是書體例，據韓琦撰《三朝聖政録序》云：「採記三朝以來行事見聞最詳者，類而次之，爲二十門……每篇之末，又自爲之贊，以申諷諭之意。」是書所記，成爲衆家筆記取材之源，如司馬光《涑水記聞》卷一記宋太祖親征平蜀、遣曹彬伐江南、彈雀於後園諸事皆出於兹。至南宋時，程大昌撰《演繁録》亦多徵引。

是書見著録於宋王應麟《玉海・藝文》、明焦竑《國史經籍志》，今已亡佚。曾慥《類説》、陶宗儀《説郛》有節文，而《説郛》所收，俱見《類説》；另，司馬光《涑水記聞》、江少虞《宋朝事實類苑》諸書亦有引文。

此次整理，以一九五五年文學古籍刊行社影印明天啟六年岳鍾秀刊《類説》所收爲主，校以影印文淵閣《四庫全書》本（簡稱四庫本）、涵芬樓本《説郛》，其他訛誤文字，據有關史籍改正。他書所引佚文不收。

《縉紳脞説》二十卷，張君房撰。張君房，生卒年不詳。其事跡散見於《續資治通鑑長編》、《默記》、《麈史》等書。君房字允方，安陸（今湖北安陸）人，一作開封（今河南開封）人。景德（一〇〇四—一〇〇七）中進士及第，除知昇州江寧縣，歷官開封府功曹參軍、尚書度支員外郎充集賢校理，後自御史臺貶至寧海，因主持《道藏》編纂，除著作佐郎，再出知錢塘，通判江陵，知隨、郢、信陽等州軍。年六十九致仕，八十餘卒。著有《雲笈七籤》、《乘異記》、《麗情集》、《科名分定録》、《潮説》等。

是書見著録於《遂初堂書目》、《郡齋讀書志》、《直齋書録解題》、《文獻通考・經籍考》、《宋史・藝文志》等書。然晁氏《讀書志》誤作張唐英撰，對此，陳氏《解題》「乘異記」條已明辨之。就體裁而言，是書介於詩話與小説之間，雅俗共賞。其内容繁雜，多述鬼神之事，如「楚小波」條，記進士謝朏夜遇女仙鬼楚小波事；此事亦見載於蘇軾《東坡志林》、《苕溪漁隱叢話》、《樂善録》諸書。此亦記名人逸聞，如「玲瓏奈老何」條，載餘杭歌姬商玲瓏與中唐著名詩人白居易、元稹之唱酬交往事，不失詩話風流。書中所載，亦成爲後世話本小説創作之淵藪，如明馮夢龍《醒世恒言》卷二五「獨孤生歸途鬧夢」，其本事即出自《河東記》、《縉紳脞説》、《乘異記》等書。

此書原本久佚，朱勝非《紺珠集》、曾慥《類説》有節録，詳略不一；另，《分門古今類事》、《錦繡萬花谷》、《苕溪漁隱叢話》、《歲時廣記》等書徵引頗多。

此次整理，以一九五五年文學古籍刊行社影印明天啓六年岳鍾秀刊《類説》所收爲主，兼收明天順刻本《紺珠集》録文，校以影印文淵閣《四庫全書》本《紺珠集》（簡稱四庫本《紺珠集》）、《類説》（簡稱四庫本《類説》），其他訛誤文字，據有關史籍改正。他書所引佚文不收。

《祖異志》一作《徂異志》（按：「祖」，同「徂」，應劭《風俗通義》：「祖者，徂也。」），十卷，聶田撰。聶田，生平不詳。據陳振孫《直齋書録解題》，田爲信陵人。信陵應是郡望，若此，則田當爲應天府寧陵（今河南寧陵）人；據晁公武《郡齋讀書志》，田於真宗天禧中科考不第。

是書見著録於《郡齋讀書志》、《直齋書録解題》、《文獻通考・經籍考》、《宋史・藝文志》，其中《宋史・藝文志》誤作《倶異志》。綜合上述書目信息可知，田於科考落榜後，開始收集素材，「因記近時詭聞異見一百餘事」，至景祐初（按：《郡齋讀書志》著録原文作「元祐」，云「天禧至元祐七十餘年，田且百歲矣」。或是晁氏誤「景祐」爲「元祐」。）開始創作，至康定元年（一〇四〇）歷時七年完成。所記内容，就《類説》節本及他書佚文而言，多爲志怪異聞，間雜可資考史者。如「人魚」條所云查道出使高麗，途遇人魚，當屬美人魚故事較早之記載。

至明代，楊士奇《文淵閣書目》及葉盛《菉竹堂書目》等書目仍見著録，《永樂大典》亦見徵引，惜今已亡佚。曾慥《類説》、陶宗儀《説郛》有節録。其中，《類説》將書名誤題作《狙異志》；宛委山堂本《説郛》卷一一八節有《徂異記》一卷，作者署名聶田，實出《紺珠集》、《類説》所收之《廣異記》及《搜神記》。此外，南宋陳葆光《三洞群仙録》及明《永樂大典》存有佚文。

此次整理，以一九五五年文學古籍刊行社影印明天啟六年岳鍾秀刊《類説》所收爲主，校以影印文淵閣《四庫全書》本《類説》（簡稱四庫本），其他訛誤文字，據有關史籍改正。他書所引佚文不收。

《聖宋掇遺》一卷，歐陽靖（李燾《續資治通鑑長編》嘗徵引此書，撰者作歐靖。）撰。歐陽靖，生平不詳。據《類説》所引序文，知此書成於宋仁宗天聖二年（一〇二四），取「自國初至今朝，君父之美、臣子之事、庶俗之行，可戒可調、可化可厲，彰於民聽者，掇而編之」。見著録於《秘書省續到四庫闕書目》及晁公武《郡齋讀書志》雜史類。明人李鶚翀編《江陰李氏得月樓書目摘録》著録是書，則明代尚有傳本流世，後漸散佚。曾慥《類説》有節録；晁載之《續談助》收佚文八則，其中徐鉉、趙世長、滕涉、崔遵度及陳摶事爲《類説》節文所闕；另《詩話總龜》、《古今事文類聚》等書存有佚文，有一定史料價值。

此次整理，以一九五五年文學古籍刊行社影印明天啟六年岳鍾秀刊《類説》所收爲主，校以影印文淵閣《四庫全書》本（簡稱四庫本），其他訛誤文字，據有關史籍改正。他書所引佚文不收。

《摭遺》二十卷，本名《青瑣摭遺》，又作《摭遺集》、《摭遺新説》、《摭遺小説》，劉斧撰。劉斧生平已見《青瑣高議》（《全宋筆記》第二編第二册）點校説明。

此書見著録於《通志·藝文略》、《遂初堂書目》，俱入「小説類」，《宋史·藝文志》小説類亦著録，然置於劉斧《翰府名談》後，作「又《摭遺》二十卷」，當誤。至明代，楊士奇《文淵閣書目》仍見著録，《永樂大典》亦有徵引，可知有明一代尚有傳本，後漸散佚而無從得窺全貌。朱勝非《紺珠集》、曾慥《類説》有節録，詳略各異；另，《方輿勝覽》、《錦繡萬花谷》、《漁隱叢話》、《古今事文類聚》、《記纂淵海》、《古今合璧事類備要》、《分門古今類事》、《三洞群仙録》、《詩話總龜》、《歲時廣記》、《山堂肆考》等書存有佚文。

據節本佚文及他書所引可知，是書體例類同《青瑣高議》，多記神怪異聞，間雜逸聞瑣事，其中不乏收録唐宋間廣爲流傳之故事，經劉斧改編而被後世接受，成爲傳奇小説創作取材之源。如明馮夢龍《醒世恆言》之「馬當神風送滕王閣」即改編自是書「滕王閣記」條；《警世通言》之「李謫仙最草嚇蠻書」，則借鑒「李白遊華山」條。此書之文，亦有與《青瑣高議》所記重出者，如「安禄山」條。

此次整理，以一九五五年文學古籍刊行社影印明天啟六年岳鍾秀刊《類説》所收爲主，兼收明天順刻本《紺珠集》録文，校以影印文淵閣《四庫全書》本《類説》（簡稱四庫本《類説》）、《紺珠集》（簡稱四庫本《紺珠集》），其他訛誤文字，據有關史籍改正。他書所引佚文不收。

《翰府名談》一作《翰苑名談》，二十五卷，劉斧撰。劉斧生平已見《青瑣高議》（《全宋筆記》第二編第二册）點校説明。

是書見著録於《遂初堂書目》、《中興書目》、《通志·藝文略》、《宋史·藝文志》等書。所載内容包羅萬象，逸聞異志，多有可觀，其中尤以「萊公蒨桃」著名。是條載録寇萊公夢得佳麗蒨桃之悲歡離合事，情節曲折，極富故事性。而蒨桃詩句：「一曲清歌一束綾，美人猶似意嫌輕。不知織女螢窗下，幾度拋梭織得成。」文采上佳，又隱以諷喻，宋人頗傳。本書亦是話本創作之重要史源，佚文所存之詩話掌故，更是成爲後世輯佚之淵藪。

此書原本久佚，宋曾慥《類説》有節文；另《歲時廣記》、《詩話總龜》、《古今事文類聚》、《錦繡萬花谷》、《新編分門古今類事》等書存有佚文。

此次整理，以一九五五年文學古籍刊行社影印明天啓六年岳鍾秀刊《類説》所收爲主，校以影印文淵閣《四庫全書》本（簡稱四庫本），其他訛誤文字，據有關史籍改正。他書所引佚文不收。

《燕北雜記》一名《燕北雜録》，五卷，附《西征寨地圖》。武珪撰。武珪，字思卿，本宋鎮州（今河北正定）人，入遼，頗知遼事。再歸宋，因上所畫《契丹廣平淀受禮圖》，特録下班殿侍、河北沿邊安撫司指揮。

是書初獻於雄州（今河北雄縣），宋仁宗嘉祐六年（一〇六一），由宫苑使、知雄州趙滋進於宋廷。所記内容涉及遼宫廷瑣事、制度習俗、語言等，具有一定史料價值，後人多援引以補遼史之闕。見著録於陳振孫《直齋書録解題》、馬端臨《文獻通考·經籍考》、《宋史·藝文志》等。明陳第《世善堂藏書目録》卷上亦著録，則明代仍見傳本，至清代，四庫館臣曰《燕北雜記》已不傳。《四庫全書總目》卷五〇「契丹國志」條載，《契丹國志》之「雜記」部分，本之《燕北雜記》，「皆全襲其辭，無所更改。間有節録，亦多失當」。除上述《契丹國志》節録其文，曾慥《類説》及陶宗儀《説郛》亦收節文，而《説郛》所存五條節文俱見《類説》；另《歲時廣記》等書存有佚文。

此次整理，以一九五五年文學古籍刊行社影印明天啓六年岳鍾秀刊《類説》所收爲主，校以影印文淵閣《四庫全書》本《類説》（簡稱四庫本）、涵芬樓本《説郛》，其他訛誤文字，據有關史籍改正。他書所引佚文不收。

《使遼録》，一名《甲戌使遼録》，又名《使北記》，二卷，張舜民撰。舜民生平已見《畫墁録》（《全宋筆記》第二編第一册）點校説明。

據《畫墁集》卷六《投進使遼録長城賦劄子》，元祐九年（一〇九四），舜民差充回謝大遼吊祭宣仁聖烈皇后禮信使，出使遼，「取其耳目所得，排日紀録，因著爲《甲戌使遼録》」。初「以備私居賓友燕言之助，今偶塵聖選，辭不免行，因檢括舊牘，此書尚在，其間所載山川、井邑、道路、風俗，至於主客之語言、龍庭之禮數，亦可以備清閒之覽觀」，對研究遼之政治、經濟、軍事、社會文化等，頗具史料價值。

傳世書目於此書多有著録，尤袤《遂初堂書目》著録重出，「本朝故事」作《張芸叟使遼録》，「地理類」作《張浮休使遼録》； 晁公武《郡齋讀書志》著録，作《浮休居士使遼録》； 《文獻通考·經籍考》著録同《遂初堂書目》「地理類」； 《宋史·藝文志》作《使邊録》一卷。該書原本久佚，曾慥《類説》、陶宗儀《説郛》有節録，然《説郛》所存，俱見《類説》； 另葉隆禮《契丹國志》、羅泌《路史》諸書亦有徵引。

此次整理，以一九五五年文學古籍刊行社影印明天啓六年岳鍾秀刊《類説》所收爲主，校以影印文淵閣《四庫全書》本（簡稱四庫本）、涵芬樓本《説郛》，其他訛誤文字，據有關史籍改正。他書所引佚文不收。

《遯齋閑覽》十四卷，陳正敏撰。陳正敏，自號遯翁，延平（今福建南平）人，宛委山堂本《説郛》作范正敏，當誤。爲北宋理學家陳瓘侄，嘗任長溪縣令。另著有《劍溪野語》三卷，已佚。

此書見著録於晁公武《郡齋讀書志》、陳振孫《直齋書録解題》、馬端臨《文獻通考·經籍考》、《宋史·藝文志》等。撰成於北宋徽宗崇寧、大觀年間（一一〇二—一一一〇），「録其平昔所見聞」，分「名賢」、「野逸」、「詩談」、「證誤」、「雜評」、「人事」、「諧噱」、「汎志」、「風土」、「動植」十門，「爲小説一編，以備異日披閲」。

曾慥《類説》、陶宗儀《説郛》俱有節録之文，另陳元靚《歲時廣記》、吴曾《能改齋漫録》、張淏《雲谷雜記》、洪邁《容齋隨筆》、袁文《甕牖閒評》、王楙《野客叢書》、史繩祖《學齋佔畢》、孫奕《示兒編》等多有徵引；又葉廷珪《海録碎事》、佚名《錦繡萬花谷》、祝穆《古今事文類聚》等類書收有佚文。

觀其佚文，以詩話雜評爲多，如「半夜鐘」條，辨唐人「夜半鐘聲到客船」詩句；「編詩」條記王安石評價唐代李、杜詩，乃今人研究荆公文學思想之重要史料。間及名人逸聞，如「盜入魏公室」條，記韓琦在相州任上寬恕偷兒事；「編竹橋救蟻」條，記少年宋祁、宋庠兩兄弟編竹橋救活衆多螞蟻事。上述故事，或可反映出正敏崇佛思想。其他如「吉貝布」、「李庭珪墨」、「一介行李」、「柘枝」諸條，多有考辨，可資補史之闕，具有較高文獻價值。

此次整理，以一九五五年文學古籍刊行社影印明天啟六年岳鍾秀刊《類説》所收爲主，兼收涵芬樓本《説郛》録文，校以影印文淵閣《四庫全書》本《類説》（簡稱四庫本《類説》）、宛委山堂本《説郛》（簡稱宛委山堂本），其他訛誤文字，據有關史籍改正。他書所引佚文不收。因《説郛》

中保留有該書十門類，而《類説》不載，故移入本書，并根據《説郛》本所載，將《類説》節文歸類，以圖更加接近該書原貌。

《雜説》又名《雜録》，一卷，趙闢公撰。趙闢公，生平不詳。是書見著録於《宋史·藝文志》。今無傳本。《中國古代小説總目提要》云：「原書久佚，未見佚文。今各書中所引《雜説》文字，均爲孔平仲《孔氏雜説》。」此説不確。此書於曾慥《類説》見有節文；另陸佃《埤雅》、陳耀文《天中記》亦有佚文。將《類説》所存節文及它書所引佚文，與《孔氏雜説》（又名《珩璜新論》）兩相校對，并無重複者。

是書内容，多述宋初朝野逸聞，「陳希夷戒种放」、「唐酒價」等條，皆可補正史之闕；間辨動植物名，如佚文「鰻鱺」條，記載此魚之外形及其特性，明人李時珍編撰《本草綱目》時即徵引此條，較具史料價值。

此次整理，以一九五五年文學古籍刊行社影印明天啓六年岳鍾秀刊《類説》所收爲主，校以影印文淵閣《四庫全書》本（簡稱四庫本），其他訛誤文字，據有關史籍改正。他書所引佚文不收。

《南唐野史》不分卷，不著撰人。《遂初堂書目》、《郡齋讀書志》及《直齋書録解題》等書目不見著録，有研究者以爲《南唐野史》即《江南野史》，然是書内容，實不見於傳本《江南野史》，認定二者本是一書，似證據不足。是書宋人多有徵引，如胡穉《增廣箋注簡齋詩集》卷四《寄新息家叔》之書灯。』」戴埴《鼠璞》卷上「一字師」所載張迥《寄遠詩》條，徵引書名亦作《南唐野史》。至明代，彭大翼《山堂肆考》卷一一九言冠豹、謝觀同在崔裔相公門下事，亦云出自《南唐野史》。

是書所記，涉及南唐朝野逸聞，尤以詩話爲多。如「韓熙載書」條所載，是爲研究南唐儒士韓熙載文學成就之補充史料。又「中秋無月詩」條，可證宋《詩話總龜》及《全唐詩》等書有關高若拙事跡之疏誤。

是書原本久佚，曾慥《類説》有節録；另《白孔六帖》、《六帖補》、《十國春秋》等書存有佚文。

此次整理，以一九五五年文學古籍刊行社影印明天啟六年岳鍾秀刊《類説》所收爲主，校以影印文淵閣《四庫全書》本（簡稱四庫本），其他訛誤文字，據有關史籍改正。他書所引佚文不收。

目録

秘閣閒談

吴淑　撰

戊與丁合及第

趙化成初舉進士，夢皂衣人曰：「子名化成，成字，戊丁也，須戊與丁合，即及第。」其年，果得及第。

《菩薩蠻》詞

盧絳夢飲蔗漿，有白衣婦人歌《菩薩蠻》詞，歌罷曰：「後當期於崓子陂。」後金陵平，朝廷以節鎮招之，方降，斬於閶闔門外崓子陂【一】。

換茶甌

江南内門押司陳永，遺失要害文書。一巫占事頗驗，問之，云：「文書在東壁架上。」陳見神前茶甌，初念爲易之。及出門，巫曰：「傳語莫忘却茶甌。盞子。」陳果尋得文書，乃爲換茶甌也。

校勘記

【一】朝廷以節鎮招之方降斬於閶闔門外　「以節鎮招之方降斬」原作「朝於方降陣」，據四庫本《類説》、《苕溪漁隱叢話》後集卷三八改。

古鏡石人物

徐鉉得一鏡，照面只見一眼。有熊山野人，好訪異物，有石龜、石桃、石棗之類。嘗夢人自云姓石，相依附。後得一石人，長尺餘，具眉目。今世有石燕、石蟹之類。又松亦化爲石。隴州有魚石子，置書籍中能辟蠹。

方丈山麻姑

王保義爲荆南高從誨行軍司馬，生女不食葷血，五歲，通《黄庭》等經。及長，夢渡水登山，見金銀宫闕，云是方丈山。女仙類十人中一人曰麻姑，相結姊妹，授以琵琶數曲。自是，數夜一遇，歲餘得百餘曲。其尤者，有《獨指商》，以一指彈一曲。復夢麻姑曰：「即當相邀。」明日，庭中有雲鶴、音樂，女奄然而卒。

七夕瓜上金梭

蔡州丁氏，精於女工。每七夕，禱以酒果，忽見流星墜筵中。明日，瓜上得金梭。自是，巧思益進。

《紙鳶》詩

陳繼達本武夫，不知書。夢人以墨水升餘飲之，即能識字，作《紙鳶》詩曰：「人生寵辱能知此，一似翩翩紙老鴟。霄漢只因風送上，無風還有下來時。」

服术

世云服术忌雀鴿，非鳩鴿也，乃蜃蛤耳。外郎刁衍久服术，因食蛤瀉血，食鳩鴿則無恙。嘗有雀鬭入盆池中，旬日皆化爲蛤，後以死雀投其中則不化。雀蛤氣類同也。

油頭汙綉枕

階州一妓，爲使客所録。一日，其人出外，妓堂下枕一綉枕獨寢，忽見一婦人，挾妓首令起，曰油頭汙他綉枕。妓搏之，走趍堂東不見。

青磁碗

巴東下岩院主僧，水際得一青磁碗，携歸。折花置佛像前，明日，花滿其中；更置少米，經宿，米亦滿碗；以錢及金銀置之，皆然。自是，院中富貴。院主年老，一日過江檢田，懷中取碗，擲於中流，從弟驚愕，師曰：「吾死，爾等寧能謹飭自守？棄之，不欲使爾增罪累也。」院主尋卒。

鶴名丹哥

池州鳳凰山道士趙自然，夢陰真君與栢葉，一枝九疊。食之，因不食，神氣異常。爲詩曰：「嘗欲棲山島，閒眠玉洞寒。丹哥時引舞，來去跨雲鸞。」或問：「何名丹哥？」曰：「鶴也。」

吞艇魚

李崇規見海上沙島有大魚，割其腹，得一艇，兼三死人，衣服猶備。

仙人換骨函

建州武夷山上，忽有仙樂聲，其曲似《迎仙客》而無節拍。山中有仙人換骨函甚多，在絶壁上。

司書鬼

司書鬼曰長恩。除夕，呼其名而祭之，鼠不敢嚙，蠹魚不生。

宮市

《南部新書》云：自貞元來，多令中官强買市人物，謂之「宮市」。

《本草》白字

善醫者，取《本草》白字藥用之，多驗。黑者，是漢人益之者也。

該聞録

李畋　撰

改勳臣貶詞

唐憲宗有勳臣，任事既久，家有醜行。中書進貶詞云：「鳥獸之行，已聞忘於人倫；豺狼之貪，益見彰於物論。」上曰：「彼有公財，屢經將用，穢行陰私，真僞難分，猶恐卿士私憾厚誣。」御筆改云：「不修家行，遽聞鄙於士流；深負國恩，豈尚榮於簪組。」

唐待制清識

唐肅待制，先與丁晉公同舉進士，爲益友。後居水櫃街，宅相近，丁將有弼諧之命【一】，唐遷居州北避之。或問其故，曰：「謂之入即大拜，數與往還，事涉依附。經旬不見，情必猜疑，故避之。」後晉公南遷，唐曰：「丁之才術，李贊皇之流。動多而静少，任知而鮮仁，可以佐三事，不可家百官。」

校勘記

【一】宅相近丁將有弼諧之命　「近丁」原闕，據四庫本補。

皮日休言釋典

唐皮日休篤信釋典，以平等、報應、自然爲佛果。值廣明之亂，僞授翰林學士。被害，處之恬然。

子不爲父知

段文昌鎮成都，子承式好獵，丞相患之。承式以所獲雉兔分送幕僚，各致書，援引故事甚悉。幕僚多不曉其義，以示丞相，方知其子博學。

鮮于判狀

僞蜀鮮于操知華陽縣。有婦人姓唐，夫亡，詣縣自陳，乞爲夫守墳。操判狀曰：「夫婦雖親，男女貴别。生而執禮，晝無居寢之文；死則避嫌，夜禁出聲之哭。倚廬獨處，寧虞强暴之流；同穴偕歸，方表始終之操。實宜禁止，用息澆浮。」孟主轉操一官，賞其知禮。

半年爲盜

張乖崖治蜀，有盜擒獲。公詰之，盜曰：「某常以半年爲盜。三月至八月，夜短多蚊蚋，人必少睡，故不敢爲盜；九月至二月，夜長天寒，多畏寒懶起，乃可爲盜。」公曰：「春夏作何業？」盜曰：「小小營販，往州縣，熟訪人家，事力人口，出入門户之處，故十數年不敗露【二】。」公曰：「盜亦有道，誠然哉！」

爲政之法

任中正代張公治蜀，訊以爲政之法。公曰：「如己見解高於法，則捨法而用己；如己見解不高於法，則當守法，勿徇己見。蓋律設大法，由人酌輕重而用之。」

知縣生日

開寶中，有神泉縣令姓張，外矜廉潔，内極貪瀆。一日，榜縣門云：「某月某日知縣之生日，告示諸縣人不得獻送。」有曹吏曰：「宰君明言生日，欲我輩知也。」衆曰：「然。」至日各持縑獻之，曰：「續壽衣。」宰一無所拒。復告之曰：「後月某日，縣君生日，更莫將來。」王維以《鷺鷥》詩諷之曰：「飛来疑似鶴，下處卻尋魚。」

【二】不敗露　「敗」原作「販」，據涵芬樓本《説郛》卷三改。

林逋賜帛

林逋處士隱居西湖，朝廷命守臣王濟休訪。逋聞之，投一啟，其文皆儷偶聲律之流，乃以文學保薦。詔下，賜帛而已。濟曰：「山澤之士，文須稽古，不有王侯；文學之士，則修詞立誠，俟時致用。今林逋失之。」

棋子役心

丁晉公好釋老，又酷嗜弈棋。中堂退食對局，以夜繼日。一日，問李畋虛心之法，對曰：「請侍中弼諧之外，勿於棋子役心，虛已半矣。」公曰：「如子之言，何止於棋？凡有所著，則不虛矣。」

下官口上官鼻

石中立參政滑稽。有上官佖郎中，勸以慎口，對曰：「下官口，干上官鼻何事？」一日，改授禮部郎中，時相勉之曰：「主上以公清通詳練，故授此職，宜減削談諧。」對曰：「某授語云特授禮部郎中，餘如故，以此不敢減削。」

【三】有西行之兆　「西」原作「兩」，據四庫本及文義改。

聽馬蹄聲

術士王生，瞽而善聽聲。丁晉公守金陵，王生潛聽其馬蹄聲曰：「參政月中必召拜相。」果如其言。後真宗晏駕，公充山陵使，王生來京師，俾聽馬蹄聲，曰：「有西行之兆【三】。」諸子責曰：「爾知相公充山陵使，故有是説。」或密問之，曰：「蹄西去而無回聲。」果罷相，分司西京，繼貶崖州。

黄鶴樓詩

唐崔顥題《黄鶴樓》詩云：「昔人已乘白雲去，此地空餘黄鶴樓。黄鶴一去不復返，白雲千載空悠悠。晴川歷歷漢陽樹，芳草凄凄鸚鵡洲。日暮家山何處在，烟波江上使人愁。」太白負大名，尚曰：「眼前有景道不得，崔顥題詩在上頭。」欲擬之較勝負，乃作《登鳳凰臺》詩。

作感懷詩

歐陽彬，王蜀時爲翰林學士。唐明宗時入洛，責令歸蜀。孟氏開國，復爲翰林。作詩云：「昔年追感淚横流，今日尋思是漫愁。容易得來容易失，等閒成了等閒休。皇圖本爲兒孫置【四】，白刃番成骨肉讎。梁漢後唐三世主，九泉相見大悠悠。」

題金剛詩

蜀主季年，臣僚多尚權勢。蔣貽恭題金剛以諷曰：「揚眉努目惡精神，捏合將来却似真。附彼時流借權勢，不知身自是泥人。」

十張牛皮氣毬

張乖崖云：「治蜀如用十張牛皮縫作一大氣毬，如有踢得起，須用擦得轉，即是能做。」故兩治蜀，民至今有去思。

廷試二論

唐熊執易通九經。當時設科取士，題目甚多，執易俱中等甲。章武皇帝詔就殿試以二論：一《簡易而知險阻》，一《五運相承是非》。限三千字成。《簡易》前論書三千字；《五運相承論》於卷首題云：「此非臣末學所知。五運相承，出於遷《史》，非經典明文。又唐方承土運，故不對。」朝廷賞其才，授西川節推，居武元衡幕下。執易於九經著《花統》五百卷。

【四】皇圖本爲兒孫置　「爲」原作「謂」，據四庫本改。

經體字

僞蜀句中正有文學，善筆勢。蜀平赴闕，修啟謁宰相，皆經體字。閽吏不識，笑曰：「今日句中正又来參相公也。」蓋以句爲章句字，參爲曾參字。

圖畫經書事迹

李畋自八九歲，大父曰：「此措大兒也。」每教讀書，必令畫工圖經中事迹，一一指示解說其義。畋因此酷好繪畫，公卿皆爲畫有贊。

看他棋一局白却少年頭

唐明宗太子從容，好爲詩。不慎之徒，相與唱和。如《觀棋》云：「看他終一局，白却少年頭。」從容果謀不軌，事敗，凡預唱和，言涉嫌疑者，皆就誅。故往還牋簡中宜直書其事，不得云彼事如何之類。

耘田鼓詩

蜀僧可朋作《耘田鼓》詩云：「農舍田頭鼓，王孫筵上鼓，鼓兮鼓兮皆爲鼓，一何樂兮一何苦。上有烈日，下有焦土。願天公降之以雨。桑麻熟，倉廩富。不飢不寒，上下一鼓。」

校勘記

荆湖近事

陶岳　撰

酒囊飯袋

馬氏奢僭，諸院王子僕從烜赫，文武之道未嘗留意。時謂之「酒囊飯袋」。

散幅裙

周行逢爲武安節度，婦人所著裙皆不縫，謂之「散幅」。或曰裙之於身，以幅多爲上，周匝於身。今使開散，是不周也。不周不縫，是姓是名俱去矣。夫幅者，福也，福破散，其能久乎？未幾，而行逢卒。

老婦嫁詩

曹衍撰《馬氏野史》，投進年已衰耄。獻《老婦嫁》詩云：「滿頭白髮爲新婦，笑殺年少豪家兒。」又《詠鷺鷥》云：「終日灘頭延頸望，能消大海幾魚多。」

存孤恤寡

周行逢命何景山爲益陽令，强取人家婦人。景山曰：「卑吏無它，蓋存恤孤寡。」行逢曰：「何不寬其賦税，免其徭役？乃置之於家，於理安乎？」戲謂僚吏曰：「不如令佐海龍王去。」遂投於江中。

舜作蟒蛇

吕夐遊舜洞，見一古碑，謂舜曾於此洞作蟒蛇，身受諸苦惱，不知其幾世。至隋仁壽中，遇一尼摩頂受記，遂得託生。夐曰：「悠悠蒼天，彼何人斯，妄爲玷瀆，如此之甚？聖莫大於堯舜，暴莫大於桀紂，安得桀紂至暴寂然無聞，至聖反爲蟒蛇？又尼者一髡跣婦人，有何功行摩頂受記，使之託生耶？」由是著《解分篇》千餘言。

大市裏賣平天冠

廖融詩云：「遠山秋帶雨，水館夜多風。」潘若沖《陽朔縣》詩云：「門連百越水，地管數千峰。郭影雲連樹，林聲月帶春。」二人更唱迭和，詩家之勁敵。太宗懲五代場屋之弊，以詞賦策論取士，融、沖之徒，稍稍引去。融曰：「豈知今日之詩道，一似大市裏賣平天冠，並無人問耶！」又素性重僧，前後贈詩甚多。或問其故，融曰：「僧是詩家奴，一人贈一篇，且圖帶往東西南北去耳。」

謁戍將致詞

林楚材窮窘，益陽戍將李著謂林曰：「大凡秀才必能道言語，何不向我身上道一兩句？」楚材覰其額上耳後，皆雕火珠雲雁，即致詞曰：「伏以太保，氣貌雲横，身材筆直。兩行秋鴈，於耳畔以斜飛；一顆明珠，當額頭而突起。」著大喜，厚贈之。

詠柳

狄焕《詠柳》云：「翠色折不盡，離情生更多。」《登凝碧亭》詩：「數點分秋霽，不知何處來。」

鷺鷥詩

張仲達《詠鷺鷥》詩云：「滄海獨深處，鱸魚啗得時。」張文保曰：「佳則甚佳，爭奈鷺鷥觜太長也。」

安知獲麟之筆爲騎馬之用

孫光憲爲荆南幕府，常慕史氏之作，每曰：「安知獲麟之筆，盡爲騎馬之用。」因吟劉禹錫詩云：「一生不得文章力，百口空爲飽暖家。」

鄧公池亭

孫逢吉遊鄧公池亭，問創置之由，云馬氏諸公子舊園。逢吉留詩曰：「馬家公子闘亭臺，斸斷山根碧沼開。啼鳥不知人事變，數聲猶傍水邊來。」

傳語縣君謝到

李戴仁性迂緩，非禮勿動。娶閻氏，年少，與之異室。私約曰：「有興則見。」忽一夕聞扣户聲，小竪報云：「縣君欲見大監。」戴仁遽取百忌曆，燈下看之，大驚曰：「今夜河魁在房，不宜行事。傳語縣君謝到。」閻氏慚怒而去。

白傅琵琶行

李守愚聞人誦白傅《琵琶行》，笑曰：「此婦本長安娼女，嫁茶商在外，而居易輒於夜中移船就之，聽其琵琶以佐歡，得非姦狀顯然耶？」

五臟穀

李守愚取黑豆緊小而圓者，侵晨以井花水吞二七粒，謂之「五臟穀」。到老視聽不衰。

一縫毬

徐博世爲皮匠，能爲一縫毬。晚爲道士，能導引，握拳置口中。或反手抱柱，身隨起而足直上。太祖召見，曰：「臣能走。」乃脱履，於殿庭走二十匝，而出入之息如故。

洛中紀異録

秦再思 撰

夢徵

唐高祖神堯皇帝將舉義師西入長安，忽夜夢身死，墜於床下，爲羣蛆所食。及覺，甚惡之，乃詣智滿禪師而密話之。滿即賀曰：「公得天下矣。」大驚，謂滿曰：「何謂也？」滿曰：「身死，是斃也；墜於床，是下也；羣蛆所食者，是億兆之趨附也。人臣不敢直指天子，故曰陛下，是至尊之象也。甚吉。」又曰：「貧道爲沙彌日，嘗攻《易》，今敢爲公占之。」及卦成，曰：「得《乾》飛龍在天，又帝王之徵也。」時太宗侍帝之側，滿又曰：「公子，大人極吉。」又語帝曰：「此公子福無量，何憂天下乎？」帝與太宗俱大悦。帝至霍邑，又夢甲馬無數，飛滿空中。帝問是何軍伍，對曰：「是公身中之神也。若無此，何以威制天下？」言訖，並飛入帝身。帝覺，召太宗言之。復曰：「吾事濟矣。」太宗拜於前，連呼萬歲者數四。帝復大悦。其後果即位，乃命復營其寺，賜額爲興義寺，以太原帝舊田宅業産並賜之，永充常住。今之寺内，見有圓夢堂及塑師與帝並在。

邢公扼

李密歸國，封邢國公，後至桃林渡，叛。上遣兵征之，至陸渾，乃斬於邢公山下。先是，山之側有亂石縱横，頗妨行李，時人謂之邢公扼，密果死於此。

唐朱里

高祖崩，太宗詔營獻陵，在京兆府三原縣唐朱里。及朱氏篡立，即唐朱之驗矣。後莊宗中興，乃知里者李也，是再造之徵。

搜朱

後主於宫中作珠簾，乃勅京師市珠，内外之家收索将盡，計無可得者，後於相國寺僧中收之，猶有隱之者，爲隣僧所告，繫於陛牢，逐院而搜之，僧寺晝閉。有人於寺中請僧齋，閽者曰：「敕家正搜珠急，孰敢入者？」至來年莊宗入汴，盡滅朱氏後，遠近搜之。寺僧曰：「今日是端的搜朱也。」

金龜堂

朱梁許州節度使温韜，於衙城壕内得一小龜，金色，徧身緑毛，石函而進之。後主敕於苑内鑿池養之，又構屋宏敞，號金龜堂。至來年莊宗立，因號大唐。入汴見之，指爲左右曰：「金龜堂者，是歸我也【一】。」

兔上金床

蜀王建屬兔，於天祐四年丁卯歲，僭即帝位，乃以「兔子上金床」之讖，遂以金飾所坐，復謂左右曰：「朕承唐，以金德王，踞此床，天下孰敢不賓者乎？」聞者皆嗤之。先是，《甲子歌》至清泰三年丙申歲云：「數在五樓前。」又云：「但看八九月，胡虜亂中原。」後大軍於太原南五樓村前大戰，至九月，晉帝勾契丹至於城下，王師敗績。至十一月，戎王遣蕃軍送晉祖入洛陽，即「胡虜亂中原」之應也。

替元首

廣順末，京師訛言，有人還魂，見冥間要數萬丫髻小兒。繇是，無問貴賤之家，小兒有髻子者，皆剃之。讖曰：「小兒剃元首者，新君之兆也。」未幾，世宗嗣位，即替元首也。

【一】至來年莊宗立因號大唐入汴見之指爲左右曰金龜堂者是歸我也　此段文字原闕，據宛委山堂本補。

宋州官家

先是，周末忽有一人，衣粗布衣，裹青巾，草履而已，於中書省政事堂内箕踞而坐。群吏見之，咸大驚，叱之：「何人也？」答云：「官家教我來。」吏曰：「官家在甚處？」復曰：「在宋州。」尋白於諸相，咸曰：「此狂人爾，不須奏，恐累諸門守衛者，事非細。」乃寢，因令逐之出外。今上移鎮商丘，少主禪位，上開國爲大宋。宋州官家，是天命已睠之也。

宋之祀嚳

帝嚳有四妃，一生帝摯，一生帝堯，一生殷之先，一生周之先。殷之後封於宋，即商丘。今上於前朝作鎮睢陽，洎開國乃號大宋。先是，王考諱弘殷，至是始驗，弘者大之端也，殷者宋之本也，皇慶中於皇運，今建都在大火之下，宋爲火正，又國家承周火德王。按《天文》，心星是帝王，實宋分野，今高陽氏陵廟在宋城三十里。即天地陰陽人事際會，亦自古罕有。

召主收贖

孟昶末年，忽命收官質庫家，令大署庫前云：「奉敕限一月召主收贖。」未久，王師西征。及蜀平，時人始悟召主收贖之義。召者，趙也；贖者，蜀也，孟昶即宋之臣也。即知天命，王家之平盪暴亂，固有自矣。

孟入

同光乙酉歲，王師平蜀。莊宗詔太原節度使孟知祥入川鎮成都。先是，蜀人打毬，或一棒便入湖子者爲猛入，音訛爲「孟入」，得陰一籌。其後孟盡得兩蜀之地，乃僭大號。洎子昶降，乃知陰一籌者，果一子也。

桃符語讖

孟蜀於宮城府近側置一策勳府，時昶之子喆嘗居之。昶以歲末自書桃符云：「天降餘慶，聖祚長春。」喆拜受，致於寢門之左右。及蜀平，詔參政呂餘慶權知府，以内外曹署，俱不便於公私，至策勳府，公曰：「此處甚便。」欣然下馬，至寢門，公忽覩桃符字，乃曰：「吾不得不至於此。」遂遷而居之。乃知天降，是國家之命呂公入蜀也；聖祚長春，又是主上聖節之號，則皇運未可涯也。

碧落碑

絳州碧落觀有天尊石像，光焰灼高丈餘，上有文，云神仙所篆，莫之測也。先君云：唐龍朔中，刺史李諶爲母氏太妃追薦所造也。有老黃冠曰：李使君，即高宗大帝之子也【二】。其文未刻之前，忽有二道士謁李使君，云：「聞君欲篆刻其文【三】，我二人即天下之名篆也，請爲使君成。」乃於懷中出一軸朱書《陰符經》，殆非人功也，使君尤異之。復約：「殿内四面封閉，不得令人窺視，只我二人在中，候三日即畢矣。」使君從之。但見二道士挈一小囊入，入自闔其門，餘無所覩。至三日，使君命開之，只見白鴿一雙，自門飛出。及視文篆已畢，餘有一「及」字，但有一畫，不成而去。使君與道士衆悲喜，益神之。後李陽冰於此學篆凡二十日，終不得妙，捨之而去。至今爲天下之絕矣。

曆差一日

玄宗詔一行禪師鑄渾儀，及製《大衍曆》。先是，漢武時洛下閎云：「此曆，後千年差一日，有聖人出而正之。」至是果千年。

【二】高宗大帝　「宗大」原作「大太」，據宛委山堂本改。

【三】云聞君欲篆刻其文　「云聞君」原闕，據宛委山堂本補。

大宛進汗血六馬

天寶中，大宛進汗血馬六匹：一曰紅叱撥，二曰紫叱撥，三曰青叱撥，四曰黄叱撥，五曰丁香叱撥，六曰桃花叱撥。上乃改名紅玉輦、紫玉輦【四】、平山輦、凌雲輦、飛香輦、百花輦，命圖於瑶光殿。

金合子當歸

明皇在大明宫，一行曰：「陛下當有萬里之行。」復遺上金合子，有急即開。及禄山犯闕，上啓之，有當歸一塊，上乃幸蜀。

文武官别給食

宣宗宴罷，見百官與衛士拜舞，遺下果實食物，上怪之。咸曰：「歸獻父母及遺小兒女。」上敕大官：「今後大宴，文武官給食兩分與父母，别給果子與兒女。所食餘者，聽以手帕裹歸。」遂爲故事。

【四】紫玉輦 原闕，據李石《續博物志》卷四、涵芬樓本《説郛》卷三補。

鳯棲梨

陜州山中有棠樹。貞觀初，有鳳棲止，結實肥美，因號「鳳棲梨」。

金玉二象

李德裕好餌雄朱。有道士自云李終南，住羅浮山，曰：「相公久服丹砂丸，大善，但促壽耳。」懷中出小玉象子如拳許，曰：「可求勾漏瑩者，致象鼻下，象服其砂，復吐出，方可餌。此乃太陽之精凝結，已三萬年。今以奉借，忠孝是念，無致其咎。」又出一金象，曰：「此是雌者，與玉爲偶。」贊皇一一驗之無差，服之顔面愈少，髮鬢如漆，乃求姝異凡數百人。其後南還，於鬼門關逢道士怒索二象，曰：「不誌吾言，固當如此。」公僶俛不與。至鱷魚潭，風雨晦冥，玉象自船飛去，光焰燭天，金象從而入水。公至朱崖，飲恨而卒。乃知象者南方火獸，勾漏者朱崖之寶，羅浮者海濱之山，李終南者贊皇不返也。

顔魯公尸解

顔真卿問罪李希烈，内外知公不還，親族餞於長樂坡。公醉，跳躍前楹曰：「吾早遇道士云：『陶八八授刀圭碧霞丹，至今不衰。』又曰：『七十有厄即吉，他日帶我於羅浮山。』得非今日之厄乎？」公至大梁，希烈命縊殺之，葬於城南。希烈敗，家人啓柩，見狀貌如生，遍身金色，爪甲出手背，鬚長數尺。歸葬偃師北山。後有商人至羅浮山，有二道士樹下圍棋，一曰：「何人至此？」對曰：「小客，洛陽人。」道士笑曰：「幸寄一書達吾家。」遣童子取紙筆作書。至北山，顔家子孫得書大驚，曰：「先太師親翰也。」發塚開棺，已空矣。徑往羅浮求之，竟無踪跡。又曰：「先太師書法，蠶頭馬尾之勢，是真得仙也。」

朱衣吏躍出

元稹在私第獨坐，有朱衣吏入曰：「相公今日登庸。」言訖趍出，命左右追之，咸曰無人。入朝果有制命。數月，又見朱衣吏，云：「罷相。」遲明，報出中書。

駝蛤字令

進士顧非熊，令狐相國楚聞其辨捷，乃改一字令曰：「水裏取一鼉，岸上取一駝，將這駝來馱這鼉，是爲駝馱鼉。」非熊曰：「屋頭取一鴿，水中取一蛤，將這鴿來合這蛤，是爲鴿合蛤。」公大奇之。

鄭畋拜相

鄭畋爲學士。忽聞蹕聲，亟出迎拜，帝已升玉堂，取案上疊紙書云：「同中書門下平章事。」畋拜謝，帝笑曰：「朕戲耳。」畋曰：「唐叔剪桐，周公以天子亡戲言，況陛下宸翰，焉可爲戲？」帝乃不得已，遂相之。畋自承旨貶梧州，僖宗立，召常侍，拜相，與此説異。

麻生鄭閤

鄭珏、李愚同爲學士。鄭閤中有一麻生，李曰：「承旨入相矣，余願當制，得盡荒虚。」時亢旱甚久，麻獨茂盛，霜降成實，即白麻也。是夜制出，鄭果登庸。

三九相公

鄭畋年十九赴舉，凡十九年登第【五】，又十九年入相，時號「三九相公」。

白沙相公

李愚所居暴雨，一庭俱爲白沙。及薨時，第中白沙黑，時號「白沙相公」。

【五】十九年　「年」原闕，據《分門古今類事》卷一五引《紀異志》補。

更没心情憶老君

詩人史君實見一女真還俗，贈詩曰：「脱却霞裾着綉裙，仙凡從此路岐分。蛾眉再畫當時月，蟬鬓重梳舊日雲。玉貌緩將鸞鏡照，錦衾兼把麝香薰。屏幃乍得蕭郎愛，更没心情憶老君。」

口似没量斗

高駢鎮成都，命酒佐薛濤改一字令曰：「須得一字象形，又須逐韻。」公曰：「口，有似没量斗。」濤曰：「川，有似三條椽。」公曰：「奈何一條曲？」濤曰：「相公爲西川節度使，尚使一没量斗；至於窮佐酒，有三條椽，内一條曲，又何足怪？」

紅綾餅餡

僖宗食餅餡美。進士有聞喜宴，上各賜紅綾餅餡一枚。徐寅詩曰：「莫欺缺落殘牙齒，曾喫紅綾餅餡來。」

殺狐林

契丹王怒晉少帝不取我命，擅登皇極。自將南下，執少帝並母后大臣而歸，至鄴西愁死岡得疾，至欒城殺狐林而死。岡者，本陳思王不爲文帝所容，於此悲吟，號「思岡」，訛爲「愁死」。殺狐林，村人林内殺死一狐，因以名之。

姮娥甚陋

沈嵩與羅隱從事浙西幕下，公主出見，衆稱姝麗便是姮娥。嵩曰：「嫦娥甚陋，安可及公主？」驚曰：「書記識姮娥否？」曰：「嵩兩度到月宫折桂，何爲不識？」嵩欲驚隱，故有是言。

懷厚朴之才

盧端爲莊宗館記，會醫官陳玄補太原府醫學博士，端草制云：「既懷厚朴之材，宜稱從容之職。」

遊老比丘院

楊凝式滑稽，精舍老尼即王令公家乳母。公至，苦不爲禮，乃書壁云：「暇日遊老比丘院，延待尤厚。」尼甚感之，後悟老比之言，立圬鏝之。

太行山詩

龔林有卷投和凝，《登太行山》詩云：「但得路可上，更高人也行。」

朝霞詩

趙林《朝霞》詩云：「不因紅日照，長作白雲飛。」然太陽一照，不久之像。後及第升朝，賜緋而卒。

傳衣傳鉢得心印

范質，即和凝門生。先是，門生、座主榜上名次第同者，謂之衣鉢。和之名次第間，范又承之。和爲相，封魯公，終太傅；范亦封魯公，終太傅，實爲傳衣鉢，而得心印也。

筵上詐作羊肉

歙倅，忘其姓名，主公習射，命庖人宰猪。倅乞自往擊之，曰：「恨伊非一日矣。」衆客問之，曰：「叵耐伊愛於使君筵上詐作羊肉。」主公自此厚禮之。

天漢一聯

王輿有詩名。嘗有一聯云：「天漢尚不正，河源爭得清？」崔胤相國聞之，大不悦，竟流落而死。

守庚申詩

道士程紫霄，有朝士夜會終南太一觀，拉師同守庚申。師作詩曰：「不守庚申亦不疑，此心良與道相宜。玉皇已自知行止，任汝三彭説是非。」

禁松明斷月明

昭宗教坊安轡新從事岐帥李茂貞【六】。時軍費不充，仍榷油官沽。或曰：「近日官油全賣不得。蓋謂諸門放入松明，侵奪官利，宜速禁止。」茂貞即令揭榜。安轡新曰：

【六】岐帥李茂貞　「帥李」原作「師學」，據四庫本《類説》改。

「此是大好，若是和月明斷却着更好。」茂貞大笑，遂寢前榜。

好安凋瘵

韋昌爲西川管記，時王建取衆供費尤多。有縣令旁緣箕斂，爲部吏所訟。莊爲建草牒詞，云：「正當凋瘵之秋，好安凋瘵；勿使瘡痍之後，復作瘡痍。」

琵琶腿觱篥頭

左街僧録惠江、威儀程紫霄俱捷，每相嘲誚。江素充肥，會暑袒露，霄忽見之曰：「僧録琵琶腿。」江曰：「先生觱篥頭。」又見駱駝數頭，霄見一大者曰：「此必頭陀也。」江曰：「此輩滋息亦有先後，此則是先生者，非頭陀也。」

三不開

馬徹孫入相，親舊未嘗延接，時號「三不開」。相公入朝，印不開；見客之時，口不開；歸宅，門不開，故謂「三不開」也。

金坡遺事

錢惟演　撰

玉堂之署

太宗謂宰臣曰：「蘇易簡告朕，乞御飛白書『玉堂之署』四字。今付宰臣李助以下來於中書堂面宣賜。」

大雪賜詩

太平興國七年季冬，大雪。上賜學士詩曰：「輕輕相亞凝如酥，宫樹花裝萬萬株。今賜酒鄉詩一盞，玉堂閒話道情無！」

御樓侍立

唐制，玉樓賜赦，學士得升丹陽樓侍立。五代以後，因循廢之。蘇易簡奏，自今上御樓覃恩，與樞密使侍立御榻之側。

黄盤雕

舊規云：十月初，别賜錦長襖子。國初以來，賜翠毛錦。太宗改賜黄盤雕。

江南圖畫

太祖平江南，所得圖畫，賜學士院五十餘軸。景德中，只有《雨村牧牛圖》無名；《寒蘆鴨》，徐熙筆；《五王飲酪圖》，周文舉筆。

太宗押勑

陶穀、竇儀在翰林。乾德二年，范質等俱罷相，命起韓王登庸。制下，無宰相署勑。穀云：「自古輔臣無虚位者，惟唐文宗『甘露事』後數日絶班。當時，僕射令狐楚、鄭覃奉行制書。今南省官亦可署勑。」儀曰：「穀之所陳，非承平之事，不足援據。今皇弟開封尹、平章事，即宰相之任也。」太祖曰：「儀之言是也。」即命太宗署勑賜之。

破鑠檢舊章

韓丕能詩，及入禁中，不長應用。一夕，須詔書甚急，韓停筆，問吏索書舊章，吏以本典扃户出宿，不可搜檢。丕乃破鏁取之，改易而進。

一灰堆

張洎博士多聞，在江南，將命入貢。及還，作詩十篇。多訾詆京師風物，有「一灰堆」之句，以悦其主。蘇易簡得其親書本。後洎與易簡同爲學士，不協，上前往往異同。易簡云：「清河公若更相矛盾，即將『灰堆』之句進呈矣。」洎聞之甚懼，稍屈伏焉。

御筆戒酒

蘇易簡嗜酒，御筆戒之云：「卿若覆杯，朕有何慮？」易簡承詔斷酒，已而復飲【一】，上亦不責。及參大政，見上不復叙待，但嚴顔色責吏事而已。故易簡詩什之中，多思禁林。

門扉下竊出

寇準在中書，多召兩制就第飲宴，必閉關苛留之，畏慎者甚懼。李宗諤嘗於門扉下竊出，得馬而走。後爲脩宫使，恩顧漸深。一日，召至玉宸殿賜酒，宗諤堅辭以醉，且云日暮。上令中使附耳語云：「此中不須從門扉下出。」

【一】已而復飲　「而」原作「不」，據四庫本改。

靈鵲

院中有雙鵲，栖於玉堂之後海棠樹。學士會食，必徘徊翔集，或鳴噪，必有大詔令感召之事，因謂之靈鵲。故晁翰林詩有「却聞靈鵲心應喜」，并予詩云「靈鵲先依玉樹棲」，蓋謂此也。

弟拜相兄草麻

錢希白，惟演從兄也。惟演拜相，希白當制。世稱弟拜相，兄草麻，自古未有。惟座主拜相，門生草麻，前代記之矣。

狡兔三穴首鼠兩端

錢若水爲學士，太宗禮遇甚厚。嘗草《錫趙保忠詔》云：「不斬繼遷，存狡兔之三穴；潛疑光嗣，持首鼠之兩端。」上曰：「此四句正道着我意。」又《與趙保吉詔》，有「既除手足之親，已失輔車之勢」。上批其後云：「極好！」

不可令周翰知

梁周翰少有文譽，及入禁林，年已七十。景德中，答宰相待罪表不稱旨，上別令趙安仁撰，曰：「不可令周翰知，恐其愧恨。」上聖德包容如此。

習請假榜子

楊大年性剛，頻忤上旨。母在陽翟，有疾，遂留請假榜子與孔目吏，中夕奔去。上怜其才，終優容之，止除少分司，仍許只在陽翟。

見聞雜録

趙　概　撰

鸞孤奉職

張獻圖累舉不捷，因老榜推恩，始有班竹之命。寓書於室家曰：「汝作鸞孤，吾爲奉職。」

夢雌鶴生女

歐永叔在夷陵日，遊姜詩廟，潛禱嗣續。家人夢一鶴飛來，自知是雌鶴，果得一女，甚端麗。至八歲，或驚魘曰：「夢一鶴飛去。」不數日，暴卒。

夢燈

廣守數人連卒，多先夢燈。段燁作守，夢燈徧郡城，未幾病卒。

邃在西清

宋景劭舍人，夢除邃清殿學士【一】。未幾，除寶文閣學士，制詞有「邃在西清」之語【二】。

池州李長史

張洞爲淮南轉運使，夢人通謁云「池州李長史」。後池中得大鯉，即夢也。

四畏堂

王文穆夫人悍妬，貴爲一品，不置姬侍。宅後圃中作堂，名「三畏」。楊文公戲之曰：「可改作『四畏』。」公問其説，曰：「兼畏夫人。」

宋公遺戒

宋景文公遺戒云：「吾没之後，稱家有亡以治喪用，浣濯之衣，鶴氅裘、紗帽、綫履。三日棺，三月葬墳【三】。無爲流俗陰陽拘忌也。棺用雜木，添其四會，三塗即止，使數十年足以腊吾骸朽衣中而已。吾學不名家，文章僅及中人，不足垂後。爲吏在良二千石下，

【一】夢除邃清殿學士　「除邃」原作「餘」，據宋敏求《春明退朝録》卷中改。

【二】邃在西清　「邃」原闕，據四庫本、《春明退朝録》卷中補。

【三】三月葬墳　「墳」，《宋景文公筆記》卷下作「慎」。

非著數人，無功于國，無惠于人【四】。不可請謚，不可受贈與，不可求巨公作碑誌，不得作道佛二家齋醮。汝等不可違命作之，違命作之，是以吾死爲無知也。」

燭燒幞頭

河陽王相同鄭州陳相漏舍看文字，燭焰燒破陳相幞頭脚。時王相以疾免班起居，陳遂換其巾以入。既去，王相悔曰：「是他頭上花發，却將我幞頭去。」未幾，二公並罷相。又寇萊公、李參政昌齡、張參政洎、龐相籍，皆以墜馬後數月，皆罷政。

【四】無功于國無惠于人　「于」原作「干」，據《宋景文公筆記》卷下改。

校勘記

見聞録

胡訥 撰

武臣不親吏事

太祖平蜀，孟主入御。上曰：「卿在蜀，有人跋扈否？」對曰：「雖有不忠之夫，無因可動。」太祖曰：「何也？」曰：「武臣統兵之外，不親吏事。其藩鎮全用大儒。」

武臣不主錢穀

太祖平江南，後主入朝。上曰：「卿在故國，以何術理金穀？」後主曰：「州郡置官，通掌郡事，武臣不親錢穀文案。」

打破銀河

太祖性雄武。有内臣石豹烈專轄黄河，一旦河決，豹烈具奏。太祖批其表曰：「打破銀河失却金，要汝斬頭何用？」内外大懼。

不受枉法之物

勾龍瓚爲許州主簿，民因訴田疇，瓚盡公治之。民感其平允，獻金爵搔頭。後武德司具事聞上，太祖召問：「民物可取乎？」瓚曰：「臣不受枉法之物。」太祖曰：「於律可乎？」宣付横門，直決二十，却令赴任。

置縣尉

五代之季，武臣擅州縣之權，遂罷逐縣尉，遣小將卒長主之，頗爲鄉社之患。太祖欲復舊制，御講武殿唱名銓選。有樂尉者，東立，不則西立。選人多不欲，往往西立。太祖曰：「如此迂儒！」令杖驅出。是後爲者衆，乃復舊制。

避入相

韓熙載，本青社人【一】。五代之亂，渡江投先主，累官中書侍郎。多置女僕，晝夜歌舞，客至雜坐。熙載謁僧德明，曰：「吾爲此行，正欲避國家入相之命。」僧曰：「何故避之？」曰：「中原常虎視於此，一旦真主出，棄甲不暇。吾不能爲千古笑端。」

【一】本青社人　「本青」原作「青本」，據陸游《南唐書》卷一二《韓熙載傳》乙正。

鐵漢

李尊懿仕僞蜀，談論妍媚，有婦人女子之態。蜀平，太祖見曰：「有此態耶？」以氊頭箭射之，正中其腹，尊懿歸然不動。太祖曰：「外柔内勁。」授供奉官，握兵江淮，多獲强盗，人號「鐵漢」。

不修霸業

江南李氏納款之後，僞命詞臣多在近密。太宗幸翰苑，閲郡書。後主爲金吾上將軍，在環衛之列，徐鉉、湯悦之徒侍坐。太宗見江南臣在上，而故主居下，謂侍臣曰：「不能修霸業，但嘲風詠月，今日宜矣。」

虜主怒石晉

駐蹕穀久之，誅張彦澤，怒其不忠也。責少主，爲其無信也。夏漸逼，欲歸虜北，臣下留之亦怒，欲誅晉臣，馮道曰：「夏則處北京，秋則住南京。」虜主大喜，遂北轅矣。

蜂窠蟻穴

開寶八年，王師圍金陵。朝廷殿試《橋梁渡長江》賦、《習水戰》詩，江南亦試《王德惟親》賦、《談笑卻秦》詩。太祖笑曰：「江南畜文臣武將，迨同飛走，豈不知中原有真主耶？」趙普曰：「蜂窠蟻穴，不足掛聖慮。」

讀《金剛經》

太祖晚年，自西洛駐蹕白馬寺，而生信心。洎回京闕，寫《金剛經》讀之。趙普奏事見之，上曰：「不欲洩於甲胄之士，或有見者，止謂朕讀兵書可也。」

帝王之甲

丁慶充禁旅，太宗克幽薊，慶至幙，被甲而見。上曰：「日晚何不解甲？」慶曰：「帝王之甲，不可輒去。」上喜之，遂擢用。

廖黠子

江南李氏，凡人欲見，先畫像觀其妍醜。廖克順面青，江南謂之廖黠子，由是惡之，不可入見。

柳條結絮鵝雙生

李先主以國用不足，稅民間有鵝卵出雙子者【二】，柳花爲絮者。伶戲詞曰：「唯願普天多瑞慶，柳條結絮鵝雙生。」

養生之術

太祖召華山陳摶，問養生之術，摶曰：「得便宜處莫再去。」上大喜。

御筆誥詞

楊億爲讒臣謗毀，請告歸許州，責授秘書監，分司西京。御筆添誥詞，詞句云：「斥衆議之不容，在朕心之獨斷。」

二背

梁景不善書，每起草必用蜀牋；趙安仁善書，起草必用舊紙。人號「二背」。

【二】稅民間　「稅」原闕，據四庫本補。

李衛公後身

有僧謁丁晉公曰：「公乃李衛公後身，它日位極人臣。」出門不知所之。

蓮出灰盆

温州民女生亡，灰骨器中生青蓮一朵。知覺禪師頌曰：「性心之門，千聖同淪。神歸淨土，蓮出灰盆。」

《文粹》

姚鉉責居連州，嘗寫所著《文粹》一百卷，好事者於縣樓貯之，官屬多遣吏寫録。吏寫爲苦，以鹽水噀之，冀其速壞，後縱火焚樓。

賈贇善歙知州

蘇壽，易簡長子也。知泗州，公用不足，往来憾之。壽爲詩曰：「戴笠披蓑軍十萬，饑嗔飽喜客三千。」後移越州，與通判賈贇善不叶，移歙州。有詩曰：「却因賈贇善，來作歙知州。」

荔枝

陳從易《寄荔枝與盛參政》詩云：「櫻桃真小子，龍眼是凡姿。橄欖爲下輩，枇杷作客兒。」盛問其説，云：「櫻珠味酸，小子也；龍眼無文，凡姿也；橄欖初澁甚，下輩也；枇杷核大肉小，作客兒也。」

助軍錢

梓州民姓陳，家巨萬而鄙吝。孜孜不娶妻，不茹葷。親戚勸之，乃娶妻，茹葷。夢神人叱曰：「安得使助軍錢！」後卒，錢入官，以助軍焉。

四世界

潤州有風風狂道人，多談四世界中事，人目爲四世界。

三朝聖政録

石介　撰

乘快指揮誤失

太祖一日罷朝，俛首不言者久之。内侍王繼恩問其故，「一日早來前殿，乘快指揮一事【一】，偶有誤失，史官必書之，我所以不樂也。」

寶裝溺器

太祖平僞蜀，閲孟昶宫中物有寶裝溺器，遽命碎之。曰：「以此奉身，不亡何待！」

大内闢諸門

太祖修大内，既成，令洞闢諸門，無有壅蔽。曰：「此如我心，小有邪曲，人皆見之。」

内患外憂

太宗曰：「國無内患，雖云必有外憂，不過邊事可預爲之防，惟姦邪若爲内患，深可

校勘記

【一】乘快指揮一事　「事」原作「使」，據韓元吉《南澗甲乙稿》卷一一改。

懼焉。帝王合用心於此。」

貶趙逢事

太宗親征澤潞，至太行山，中書舍人趙逢懼於陟險，妄止登山，今又託疾不當草制。爲臣之禮乃敢如此，貶房州司户。

避遠不入任

孟鑾攄賓州録事參軍，避遠不之任，遂詣闕自陳。太祖怒，杖二十，流海島。

郭贄知天雄

真宗以工部侍郎郭贄知天雄軍，贄自陳惡，泣下不肯去。上召輔臣問之，對曰：「近例亦有已受命而復留者。」上曰：「朕初嗣位，命贄知州，判而不行，則何以使人？」卒遣之，羣臣畏服。

吝惜名器

太祖命曹彬伐江南，曰：「與朕下取江南，回歸與卿使相。」及平江南，吝惜名器，不與，賜錢五十萬而已。乃曰：「更與朕取太原，即與卿使相。」

急事請見

太祖一日後苑挾弓彈雀，有臣僚叩殿，稱有急事請見。上亟出見之，及所聞奏乃常事耳。太祖曰：「此事何急？」對曰：「亦急於彈雀。」上怒，以鉞斧柄撞其口，兩齒墜焉，徐伏地取落齒，置懷中。上怒甚，曰：「汝將此齒去訟我也？」對曰：「臣豈敢訟陛下，自有史官書之。」上怒解，賜金帛，慰勞而去。

田錫直諫

田錫訐直好諫，太宗或不能容。錫奏曰：「陛下日往月来，養成聖性。」太宗知其言忠，終不怒。嘗曰：「如此諫官，亦甚難得。朝廷有闕政，方在思慮，錫奏疏已至。不顧身爲國家事，是誰肯如此？朕每覽其章，必特與語，以奬激之。」

伶人不可爲刺史

太祖時，教坊使得仁以年老乞出外官，且引後唐莊宗事，求領一郡。太祖曰：「用伶人爲刺史，此亂世之事，豈可效耶？」宰相擬上州司馬，太祖曰：「此輩只宜於樂部中遷轉，上佐官亦不可輕授。」乃除太常寺樂令。

昭宣景德殿使名

内官王繼恩平蜀回朝，論將以樞密使配之，太祖曰：「此輩不可居權要之地，可別擇名舉之。」於是立昭宣景德殿使名。

問民間疾苦

太宗遊金明池，令村田老婦數十輩升殿，布席而坐，因問民間疾苦。婦人直盡説田家所苦，民里所患。上采納，皆賜金退。

不見假山惟見血山

兖王宮翊善姚坦，王作假山極其巧，坦曰：「不見假山，惟見血山。」王驚問之，「皆生民膏血所成。」時太宗爲諸王宫，亦作假山初成，聞坦語，即日毀之。

芻説

常山布衣竇諭進《芻説》五篇，真宗命舍人院召試，賜三禮出身。張去華獻《元論》二萬餘言，真宗命寫以縑素，爲十八軸，列置龍圖閣。

皇嗣未立

濰州北海簿徐奭，以言事召見。真宗曰：「皇嗣未立，如何？」奭曰：「國家以火德王天下，火生土，生土爲子，土主信，今陛下信猶未修，所以未得皇子。」上曰：「朕未嘗失信，卿何云此？」曰：「陛下所修者，小信。帝王之信，發一號、施一令，信則萬民服焉，不信則天下惑焉。今陛下朝令夕改，信未立也。」

資廕子弟

太祖曰：「資廕子弟，但能在家彈琵琶、弄絲竹，豈能治民？」於是未許親民。

記殿庭卒姓名

太宗曰：「大凡居職不可不勤。朕每見殿庭兵卒，剩掃一片地，剩汲一瓶水，必記姓名。」

黄金難得之貨

太宗問杜鎬：「西漢賜予，悉用黄金，近代爲難得之貨，何也？」對曰：「當由是時佛事未興，金價甚賤也。」

宰相書勑

乾德二年，范質、王溥俱罷相，命趙普登庸。制下，無宰相署勑。學士竇儀曰：「今皇弟開封尹【二】、同平章，即宰相之任，可以署勑。」太祖喜曰【三】：「儀之言是也。」

帝王家兒不要文章

太祖問王宫侍講曰：「秦王學業何如？」曰：「近日所作文詞甚好。」上曰：「帝王家兒，不必要會文章，但令通曉經義、古今治亂，它日免爲舞文弄法吏欺罔耳。」

説《泰卦》

真宗詔大理評事馮元説《周易·泰卦》。元敷述卦體，以謂地天爲泰，言：「天氣下降，地氣上騰，然後交泰，猶君下接於臣，則臣上承於君，然後君臣道通。若天以高亢居

【二】今皇弟　「弟」原作「帝」，據四庫本、《續資治通鑑長編》卷五改。

【三】太祖　「祖」原作「宗」，據四庫本、《續資治通鑑長編》卷五改。

上，則地無由得交於天，天地不交，何由得泰？君以尊大自恃，臣無由得接於君，君臣不接，何由得泰？」

以慈儉爲寶

太宗崇尚節儉，退朝服華陽巾，布褐細修，内服惟絁。嘗取金銀器皿奇巧者，悉毁之。主藏吏曰：「制作精妙，留以供御。」上曰：「汝以奇巧爲貴，我以慈儉爲寶。」

麻履布裳

太祖躬履節儉，常服澣濯之衣，寢殿設青布緣葦簾。嘗出麻履布裳賜左右，曰：「我舊所服者也。」

賜杜鎬酒

杜鎬直龍圖閣，真宗命中使賜上尊。鎬不善飲，飲之動宿疾，幾至不救。上親至閣下臨問，手調藥餌，呼其子侍疾。鎬蘇，見至尊欲起，上慰撫令卧。上身自刻責，以爲己賜酒致疾。其待臣下如此。

祀汾陰

真宗祀汾陰，見民操舟而漁、執耒而耕者，曰：「百姓作業樂乎！使郡縣吏人不侵擾之，即日用而不竭矣。」

近代法密

太祖因讀書歎曰：「堯舜之世，四凶之罪止從放竄，何近代刑法之密耶！」

萊公手引赭袍

寇凖以員外郎奏事，直言觸犯。太宗怒而起，凖遂以手引赭袍，請上復御坐，親決其事乃退。上嘉納之。太宗曰：「朕得寇凖，如唐太宗得魏鄭公。」

乞斬朱能

永興軍上言朱能收得天書【四】，真宗迎拜入内。知河陽孫奭上疏曰：「天何言哉！豈有書也？人盡言書是朱能僞造，唯陛下不知。得來唯自於朱能，崇信祇聞於陛下，乞斬能以斷天下之惑。」上以其訐直不加罪。後能果敗。

【四】永興軍上言朱能收得天書　「永興軍上言」原作「求與」，據司馬光《涑水記聞》卷六改。

乞斬丁謂

真宗造玉清昭應宫，張詠上疏言：「竭天下之財，傷生民之命，皆賊臣丁謂誑惑陛下。乞斬謂於國門，以謝天下，斬詠置丁氏之門，以謝謂。」

長主子求刺史

秦國長公主爲子六宅使世隆，求近州刺史。太宗曰：「太守之任，係朝廷公議。」不許。

天子兒犯中丞

許王爲中丞彈奏，太宗劾之。許王奏曰：「臣爲天子兒，今犯中丞被推鞫。」上曰：「朝廷之制，孰敢違之？朕有過，臣下尚一糾摘。汝爲開封尹，豈可不畢？」卒罰之。

魏廷式乞對

太宗時，益州路漕臣魏廷式入朝。上曰：「有事當白中書。」廷式曰：「臣三千七百里乘驛而至，有機事上聞，取斷宸衷，臣非爲宰相而來也。」上即召對。

實封劄子

真宗詔京朝官内殿崇班以上，得言其民間利病，並諸路轉運使經歷之處，實封劄子，於閤門上進。

緡紳脞説

張君房 撰

王母侍女

王母見漢武，左右侍女四人，帝問其名氏，曰董雙成、許飛瓊、琬陵華、段安香。

騎上盃

海東有姓劉人，善作酒，盛暑可寄千里，謂之「騎上盃」。

夢妻寄詩

蘇檢登第，夢妻寄詩曰：「楚水平如鏡，周回白鳥飛。金陵幾多地，一去不知歸。」

夢青衣婦人索眼

僧乘杲夢一使者，押青衣婦人問杲索眼，聲氣頗厲。使人將出刀，先斷杲右手，杲曰：「願以左手易之。」使人問：「左右何意？」杲曰：「近方受戒，留右手搭袈裟。」使人曰：「更不用斷手，師一言搭袈裟已還。」嗔叱婦人，令去。又曰：「此婦，魚也。師前身爲王家兒，六七歲，家人買得此魚，尚鮮活。師以手剜取其眼，故今來索。」

雨中望蓬萊詩

君房夢出郊，望巨浸中樓臺參差，忽有二青衣棹舟至，大呼曰：「張秀才賦雨中望蓬萊山詩。」君房賦曰：「重簾垂密雨，孤夢隔秋宫。紅爐九華暗，香消芳思融。仙忻望不及，鶴信遣誰通？但云許玉斧，寧知張巨公。」二童曰：「凡世人爭合道神仙名字！」俄巨獸哮吼波上，風濤大作，恐懼而覺。

婦人在鏡中

江南魯思鄘女，一日將粧，忽見一婦人在鏡中，被髪徒跣，抱一嬰兒。自是日日見之，思鄘自問其故，曰：「我往歲建昌縣録事娶我爲側室，踰年生此子，君女爲正妻。後録事出旁縣，君女并此子投我井中，以石填之，詐其夫云逃去。我家訟於有司，適會君女卒，今雖後身，固當償命也。」其女遂卒。

閻羅王

唐嚴安之爲京兆尹，以强明稱，民吏畏之。一日，見一神鞬櫜致禮甚恭，曰：「五道將軍拜謁，今奉天符，迎公爲閻羅王，替韓王。」安之是夜卒。明皇聞之，追封爲平等王。

玲瓏奈老何

商玲瓏，餘杭歌妓。白公守郡日，與歌曰：「罷胡琴，掩瑶瑟，玲瓏再拜當歌立。莫爲使君不解歌，聽唱黄雞與白日。黄雞催曉丑前鳴，白日催人酉後没。腰間紅綬繫未穩，鏡裹朱顔看已失。玲瓏玲瓏奈老何，使君歌了汝更歌。」時元微之在越州，厚幣邀至月餘，使盡歌所唱之曲，作詩送行，兼寄樂天曰：「休遣玲瓏唱我詞，我詞多是寄君詩。却向江邊整回棹，月落潮平是去時。」

三仙

武夷山中秋日，吕真人、鍾離先生、武夷君三座空中，呼曰：「若男女命皆坐。」命鼓師搥引鼓，管師鮑公希吹横笛，板師何鳳兒撫節板，絃師董嬌娘彈坎侯，謝英妃撫長離，觱篥也。吕阿香戞圓腹。琵琶也。須臾，命行酒令，歌人唱人間好曲。詞曰：「天上人間兮，會合疏稀。日落西山兮，夕鳥歸飛。百年一餉兮，志與願違。天宫咫尺兮，恨不相隨。」

渾家聯句

滕廷俊，洛陽道中投宿庄家，主人偶出，廷俊歎曰：「爲客多苦辛，日暮無主人。」忽有老父，衰鬢敝衣，出曰：「適聞郎詩，雖曹云『客子常畏人』不能過也。僕忝渾家掃門之客，姓麻，名和，第大。」偕至堂西隅，見萃堂複閣，中有樽酒盤杓。同坐良久，又一客出，曰和且邪，謂麻大曰：「適與君聯句未成。」麻乃書題目云：「同在渾家平原館聯句一首。」麻大詩曰：「自與渾家隣，馨香遂滿身。無心好清浄，有用去灰塵。」且邪曰：「僕是七言，韻又不同。」乃吟曰：「冬朝每去依烟火，春至還歸養子孫。曾向符王筆端坐，邇來求食渾家門。」廷俊猶不悟，作詩曰：「田文稱好客，凡有幾多人。如有馮諼在，今希廁下賓。」二人相顧，笑曰：「何得相譏？曰使君在渾家門，一日當厭足矣。」於是浛肴饌，引滿數十巡。主人歸，呼廷俊，二人俱不見，身坐廁屋下，旁有大蒼蠅、秃掃箒而已。廷俊有熱疾，自此頓愈。

南岳地仙

進士趙顔，於畫工處得軟障，圖一婦人甚麗。顔曰：「如何令生，願納爲妻。」畫工曰：「予神畫也。此名真真，呼其名百日，晝夜不歇，即必應，則以百家綵灰酒灌之，遂活。」顔如其言，果下障，言笑飲食如常，踰年生一子。其友曰：「此妖也。予有神劍，可斬之。」其夕，真真泣曰：「妾南岳地仙也。爲人畫形，君又見呼，既不奪君志，今忽疑妾，不可更住。」携其子却上軟障，嘔出前飲百綵灰酒。覩其上，惟添一兒子，皆是畫焉。

緑裙紅袖

建隆初，有人泊舟巴硤，夜聞人咏曰：「秋徑填黄葉，懸崖露草根。猿聲一叫斷，客淚數重痕。」通宵凡吟百過。又有梁伯升者，肄業廢宅中。夢一女子，緑裙紅袖，呼曰：「梁君聽妾幽恨之句。」詩曰：「卜得上硤日，秋風來浪多。江陵一夜雨，腸斷木蘭歌。」

楚小波

進士謝朏，寓居賓應。晚至縣橋，忽見女郎自舟中出，曰：「某，楚小波也。可見訪舟中。」懷中出詩，曰：「畫橋直下是蘭舟，搶月冲烟任意遊。金玉滿堂無用處，早隨年少去來休。」「妾貌君才兩不常，君今休更苦思量。兒家自有清溪水，飲着方知氣味長。」朏至友人家，夜深，復見小波倚橋柱，戲之曰：「尾生何來晚耶？」朏作顧揖狀，平步水中而不知覺。其僕下水，救拽上岸，若醉人矣。月餘方醒。友人曰：「此猖鬼也。」奪詩焚之。

【一】相思字　「字」原作「事」，據四庫本《類説》、《太平廣記》卷一六〇改。

桐葉上詩

蜀侯繼圖倚大悲寺樓，風飄大桐葉，上有詩曰：「拭翠斂雙蛾，爲鬱心中事。捻管下庭除，畫成相思字【一】。此字不書石，此字不書紙。書向秋葉上，願逐秋風起。天下有心人，盡解相思死。天下負心人，不識相思意。有心與負心，不知落何地。」後數年，繼圖卜任氏爲婚，乃云：「是妾所書葉也。」

孟氏爲少年所私

維揚萬眞者，大商也，在外貿易。其妻孟氏，春時獨遊園亭，吟曰：「可惜春時節，依前獨自遊。無端數行淚，長抵對花流。」忽有少年踰垣，誘曰：「浮生如寄，年少幾何。繁花正開，而黄葉又墜。人間之恨，何啻千端。豈如偷頃刻之歡也！」孟氏作詩曰：「誰家少年郎，心中暗自欺。不道終不可，可即恐郎知。」少年報之曰：「神女配張碩，文君遇長卿。逢時兩相得，聊足慰多情。」由是私之，挈歸己舍。踰年，夫自外至，孟氏憂泣，少年曰：「吾固知其來。」言訖，騰身而去，頃之方没。竟不知何怪。

在母胎二十二月

供奉官郭坦，自云：「母胎餘年不育，其家以爲妖異，多服藥墮之，皆不動。」有善針人曰：「三針必效。」凡百餘針，竟亦不動。父母知其不可奈何，信命而已。至二十二月生，子母俱安，長亦少病，惟胸臆間有黑點數十處，乃當日針痕也。人生豈偶然可生可斃！

北岳賜石鴈

楊裕，河朔人。一日出郊，有使人自北馳騎來，問：「子非楊裕乎？北岳賜汝物，可跪受之。」使者懷中探一物，若帛裹者。裕歸，焚香啓之，得石鴈一雄一雌，左翅掩右者雄也，右翅掩左者雌也。後生一男一女，男爲周朝宣徽使，女爲漢高祖妃。

廬山紅蓮

雍熙中，君房寓泊廬山開先寺，望黄石岩瀑水中，一大紅葉泛泛而下，令僧行急取，乃紅蓮，一葉長三尺、闊一尺三寸。嘗觀《廬山記》，説沛水出雙劍峰頂，有池闊數百尺，其深莫測。又有清源池，生蓮花，大如車輪，今可信矣。君房因分此葉遺好事者，磨湯飲之，其蓮香經宿不散。

月中桂子

白樂天《題靈隱》詩云：「在郡三百日，入山十二回。宿因桂子下，醉爲海棠開。」又云：「山寺月中尋桂子，郡城樓上看潮頭。」祥符中，君房爲錢塘令。宿月輪山寺，僧報云：「桂子下塔。」遽出，登塔望之，紛紛如烟霧，轉旋成穩，散墜塔上，如牽牛子，黄白相間，咀之無味。

蒲麥

有道士過濟州村坊，曰：「澤中多蒲，蒲中有麥，可食。」居人曰：「未嘗知此。」道士曰：「採熟蒲，每作栲栳，入小麥二斗磨之，即俱爲麪矣。」村人依教試之，正與麥麪無異，但輕而不堅。明年，濟鄆人多食，救民之饑。他年，即不可食。

獨孤妻夢玩月

貞元中，進士獨孤遐叔家長安，遊蜀二年乃歸。去城數里，天暝，止於佛寺，因吟舊詩曰：「近家心轉切，不敢問來人。」夜分，有十餘人持酒具、樂器至庭下。遐叔意謂貴族，乃潛伏伺之。中有女郎，側身不樂，察之，乃其妻也。一少年舉盃，曰：「願聞金玉之聲。」其妻悲愁，若無所訴，歌曰：「今夕何夕，存耶没耶【二】？良人去兮天之涯，園林傷心兮三見花。」一人曰：「良人非遠，何天涯乎？」遐叔驚憤，取大磚飛擊，悄然一無所有。速駕而歸，青衣報：「娘子夢驚魘，方悟。」遐叔至寢，妻曰：「向夢與姑妹玩月，出金光門，向一野寺，爲凶暴者脇與雜坐飲酒。」其説與遐叔所見一同。

八戒

江南徐鉉保成八戒：一曰知富貴之矯傲，故屈己而自卑；二曰知名利之敗身，故隨時而任運；三曰知嗜欲之促壽，故觀德而不爲；四曰知思慮之消意，故暢道而守一；五曰知語煩之傷氣，故終日而忘言；六曰知喜怒之傷神，故省己而自理；七曰知戲樂之虚僞，故存神而自怡；八曰知酒食之害人，故量味而節儉。

張紅紅

大曆中，才人張紅紅善歌。

【二】今夕何夕存耶没耶　原作「今夕没有耶」，據四庫本《類説》、《太平廣記》卷二八一補。

漁童樵青

張志和有奴曰漁童，婢曰樵青。或問其故，曰：「奴使捧釣取綸，蘆中鼓枻；婢使蘇蘭薪桂，竹裏煎茶。」

《廣陵散》

韓皋善琴，嘗謂《廣陵散》有嵇生之寓意。司馬懿自誅曹爽，逆節已萌。王陵、王彪、毌丘儉、諸葛誕，皆以揚州都督有匡復之志，皆爲懿父子所殺。叔夜以謂揚州故廣陵之地，彼四人者，魏之忠臣，皆以散敗，則始哀矣。

尚陸陸

元和、長慶中，尚陸陸善觱篥。

耳譜

拍板無譜，明皇令黄旛綽造譜，乃畫一大耳以進，曰：「有耳可聽，乃不失節。」

祖異志

聶田撰

人魚

待制查道奉使高麗，晚泊一山而止。望見沙中有一婦人，紅裳雙袒，髻鬟紛亂，肘後微有紅鬣。查命水工以篙扶於水中，勿令傷。婦人得水，偃仰復身，望查拜手，感戀而没。水工曰：「某在海上未省見，此何物？」查曰：「此人魚也。能與人姦處，水族人性也。」

天上碧玉樓觀

九華山樵者婦諸葛氏感時疾，數日起，白舅姑曰：「新婦不唯疾止，復且得仙矣。」俄出門，乘空而去。又數日復回，云：「天上樓觀，皆碧玉碾成，窗户悉以珠密綴，紋絲帳幔五色相照，仙女行明中，燃不死之香。我今暫來相看。」俄有五色車駕雙龍，力士御之，女童爲從，婦乘之，冉冉而去。

校勘記

聖宋掇遺

歐陽靖　撰

《聖宋》者，自國初至今朝，君父之美、臣子之事、庶俗之行，可戒可調、可化可厲，彰於民聽者，掇而編之。天聖甲子叙。

王著慟哭

上嘗曲宴翰林學士。王著醉，慟哭歸第。有銜者曰：「著昨慟哭，追念周世宗之顧遇。」上曰：「誠忠臣也。」賜以上尊三十壺。

田錫章疏

上幸龍圖閱書，指西北隅架上漆函，謂學士陳堯咨曰：「此田錫章疏也。」愴然久之。

滌硯

上一日寫書，筆滯，欲去宿墨。顧左右，咸不在，因自起取銅池滌之，既畢，左右方至。上徐曰：「爾輩何處來？」

討蜀

曹彬討蜀，初克成都。有獲婦女者，彬悉於一第，竅以度食。曰：「是將進御，當密衛之。」洎事寧，咸訪其親以還之，無者嫁之。

太祖御樓

劉温叟爲御史中丞。一日，道由乾元門，左右奔告，太祖方御樓。温叟行至樓側，下馬入奏：「按故事，非賜大告即不御。今陛下無故而御之，軍庶或聞，則有恩給之望。臣不敢卻導從者，不欲驚彼耳目也。」上遽還，給内帑三千緡付縣官，以自罰。

天子不由後門

王嗣宗爲御史中丞。眞宗一日幸相國寺，回自北門。嗣宗上言：「天子行黄道，豈可由後門？」上給内帑三千緡以自罰。北門由是不長開。

閲庫錢

曹瑑，彬子也，爲節度使。母一日閲庫，積錢數千緡，召瑑指示曰：「先侍中履歷中外，未嘗有此積，知汝不逮父遠矣！」

中書二十年

王旦在中書二十年，常日罷歸，趨書閣闔扉以息，雖家人之親密者，不復接焉。疾亟，謂家人曰：「髪髡、緇衣，以塞予平昔之志。」未幾而絶，咸將從命，其壻蘇耆力排而止。

一條冰

陳彭年在翰林，兼十餘職，皆文翰清秘之目。人謂其署銜爲「一條冰」。

堂吏市珠

馮拯姬媵頗衆，在中書密遣堂吏市珠，自持爲遺。或未允所售，出入密懷之，有至三四次焉。

魯直

魯宗道爲正官，眞宗稍忌之。宗道自訟於上前曰：「臣在諫列，諫，守臣職也。陛下以數而忌之，臣謹願罷去。」上慰勉之，御筆題殿壁曰「魯直」。

紙幣祈福

王嗣宗爲節度使，性剛正，常卧病，家人私爇紙幣以祈福。嗣宗大呼而止之，曰：「神苟有之，豈枉法而受賄耶！」

二子夾侍

陳省華以正卿居家。其子堯叟參樞密，堯咨掌制誥。每退朝，端服夾侍，賓至則傳導名。

張乖崖上言

張詠臨終上言：丁謂姦邪，用之亂國法，願斬之以謝天下。

种放隱終南山

种放隱終南山，竟老不娶。養母，非力耕之粒不饋。四方從學幾百人。

福當如是惜

查道以謹儉率己。爲待制，每食必盡一器，度己不勝，則不下筯，雖蔬茹亦然。常曰：「福當如是惜。」

寇萊公服地黄

寇準年三十餘，太宗欲大用，尚以其少。準遽服地黄，餌蘆菔以反之，未幾皓白。

一代不如一代

陶穀奉使吴越，忠懿王宴之，因食蝤蛑，詢其族類。忠懿命自蝤蛑至螃蜞，凡十餘種以進。穀曰：「眞所謂一代不如一代也！」

借雄州畋獵

王欽若再入中書。天聖初，北朝遣使致書，稱境内荒饉，借雄州之地畋獵。時欽若在告，中外未知所答。召出，上詢其事。對曰：「願假與之。」上曰：「理將何如？」曰：「咸平中，彼來侵疆，豈先有書乎？」遂依答之。

三班奉職上殿

太宗命三班奉職出使回，得上殿，因訪民間利病。田錫上言：「陛下令三班奉職上殿言事，未審呂蒙正以下何用。」乃罷之。

禪會圖

李遵勗、楊億、劉筠，聚二三僧談宗性，各繪其像，曰「禪會圖」。

查長老

查道性淳古，寓常州琅山寺，躬事薪水以給僧衆，咸謂「查長老」。

櫝食

杜鎬廣博，爲龍圖閣學士。眞宗問：「『櫝食』原於何氏？」鎬曰：「漢景帝爲太子，文帝鍾愛。既居東朝，文帝曰：『太子之食必將殊朕。』乃命大官每具兩櫝櫝以賜之。此其始也。」

魚頭公

魯宗道爲參政，以忠鯁自任。時人謂曰「魚頭公」。蓋以骨鯁目之。

天聖名臣

天聖初，朝庭清明，賞罰必信。時王欽若、王曾、張知白、魯宗道，皆以忠誼許國，雖姚、宋佐唐，蕭、曹輔漢，無以右此數君子者。

天書降

戚綸爲待制龍圖閣。天書初降，羣臣來賀，詞皆溢美。綸獨曰：「曠古未有此事，不可恃之爲祥。當解慎脩省之意。」眞宗奇之。

諫造昭應宫

石待問制策登科。初營昭應宫，乃上諫，略曰：羣臣皆比陛下在堯、舜之上，臣謂不及唐太宗遠矣。坐是黜守滁州。

天眼遲開

王嗣宗爲副樞，以老辭位，眞宗遽止之。嗣宗曰：「臣力不任矣，但恨天眼開遲二十年耳。」

退思岩

魯宗道以孫直遇主，建小齋，圖繪山水，題曰「退思岩」。中書每歸，終日處其間焉。

張知白語

張知白語同僚曰：「吾曹本書生，致位至此，惟循公滅私可以報國。」

割牛舌

張詠知永興，有父老訴牛舌爲人數割。詠曰：「爾爲隣居，誰是最隙？」曰：「有甲氏，嘗貸粟於某，不遂，怨之深者。」詠遣去，云：「至家徑解其牛貨之。」父老如教。翌日，有人訴擅屠牛。詠叱曰：「爾割某民牛舌，以償貸粟之怨，而返致訟耶？」其人伏罪。

布裘金帶

寇準謫營道，惟衣白布裘繫金笏頭帶。當權希時者諷其逾禮，準曰：「君父所賜，服之不忘，未見禮之失也。」諷者大慚。

教民陶瓦

丁謂至朱崖，教民陶瓦。先爲崖守營公宇，次自營一第爲一樓，日夕登之，以閱書焚香，怡然自得。

琴箋

崔遵度性方正，深於琴，嘗著《琴箋》，以天地自然有十三聲，徽非月數也。范仲淹嘗問琴理，遵度對曰：「清麗而靜，和潤而遠。琴盡是矣。」

魏野詩

王旦在中書，處士魏野獻詩曰：「聖朝宰相頻頻出，君在中書十四秋。西祀東封俱禮畢，好來相伴赤松遊。」

八金剛四菩薩

王旦在中書，祥符末大旱。一日，自中書還第，路由潘氏旗亭，有狂生號王行者，在其上指旦呼曰：「百姓困旱焦勞極矣，相公端受重祿，心得安耶？」以手所持經擲旦，正中於首。左右擒之，旦曰：「予之過，彼何罪？」乃命釋之。前進士李慶孫戲爲賦曰：「德山之上八金剛，欲碎岩廊；法會之中四菩薩，將沉苦海。」

手不釋卷

徐鉉黜邠州，年七十手不釋卷，常觀隸書寫許慎《說文》一帙。

市宅

徐鉉初自南唐入京，市宅以居。歲餘見故宅主貧甚，鉉召之曰：「得非售宅虧價而至是也？予近撰碑獲潤筆二百千，可償市矣。」其主堅辭不獲，亟命左右輦以付之。

道者天地母

徐鉉在邠州，一日，命紙筆大書曰：「道者，天地母。」投筆奄然而絕。

官家之稱

太宗嘗問徐鉉：「官家之稱，其義安在？」鉉曰：「三王官天下，五帝家天下。」

欺心即神明

徐鉉嘗曰：「諺稱『舉頭三尺是神明』，且天漢孰究乎？欺己之心，即神明也，可不慎歟！」

《江南曲》

寇準方年少得意，偶撰《江南曲》，有「江南春盡離腸斷，蘋滿汀洲人未歸。日暮江南一望時，愁情不斷如春水」之類，意皆慘悽。末年，果南遷。

丁晉公詩

丁謂爲侍中，嘗作詩曰：「千金家累非長寳，一品高官是强名。」未幾，籍没資財，削免官爵，果符言志耳。

齋郎又挽郎

丁謂在中書，總領眞宗山林事。李維在翰林，將授其親識爲挽郎，懇謂曰：「更在陶鑄。」謂應聲曰：「陶鑄復陶鑄，齋郎又挽郎。」維對曰：「自然堪下淚，何必更殘陽？」未幾，而謂敗。《湘山野録》已載。

武后眞聖人

魯宗道，明肅垂簾，將有志於天下之事，而朝臣默默無敢一言，宗道獨抗直不撓。后常拱手瞻禮而謂曰：「武后眞聖人。」對曰：「有唐之罪人耳，陛下乃聖人也。」后曰：「何也？」曰：「武后幾危唐社稷，豈非罪人乎？」后默然久之，僭越之心不復萌矣。仁宗幼冲，后將與同日御慈孝神御，欲以大安輦先法駕。宰相不能對，宗道獨曰：「婦人有三從：在家從父，出嫁從夫，夫死從子。」翌日，后輦遂居其後。

衫窣地幕漫天

魯宗道直龍圖閣，時濟陽公方用事。一日，以公事造其第，盤辟之際，丁謂曰：「學士拜時衫窣地」應聲答曰：「侍中宴處幕漫天。」時丁有異心，聞公此言，神悸膽怯，殆不能支。

摭遺

劉斧　撰

安禄山

唐明皇召安禄山，用矮金裹脚杌子賜坐，肅宗青蒲諫。帝曰：「此胡有奇相，吾以此厭之。」肅宗曰：「何不殺之？」帝曰：「殺假恐生真。」肅宗乃召禄山飲，教宫人進鴆杯。禄山將飲，適會燕啣泥墮杯中，禄山疑，乃不飲。

李白遊華山

李白失意遊華山，遇縣宰方開門決事，白乘醉跨驢過門。宰怒，不知太白也，引至庭下曰：「汝何人？輒敢無禮！」白乞供狀，狀無姓名，曰：「曾令龍巾拭吐，御手調羹，貴妃授硯，力士抹靴。天子門前尚容吾走馬，華陰縣裏不得我騎驢？」宰驚起，揖曰：「不知翰林至此。」太白跨蹇而去。

烏衣國

唐王榭，居金陵，以航海爲業。遇風舟破，榭附一板抵一州，見翁姬皆皂服，曰：「此吾主人郎也。」引至宫室，見王坐大殿，左右皆婦。王皂袍烏冠，金花閃閃。翁以女妻榭，榭問女曰：「此國何名？」曰：「烏衣國也。」王召宴於寶墨殿，器皿俱黑，命玄玉杯勸榭曰：「入吾國者，漢有梅成，今有足下。」王命作詩，卒章云：「恨不此身生羽翮。」王曰：「雖不能與君生羽翼，亦可令君跨烟霧。」宴歸，女曰：「尾句何相譏也。」王遣人曰：「某日當回。」女取靈丹，以崑崙玉合盛之。遺榭曰：「此丹可召人神魂，死未踰月者，可使更生。」王命飛雲軒，既至，乃烏檀兜子耳。令榭入其中，閉目少息，已至家。梁上雙燕呢喃下視，榭乃悟所止燕子國也。至秋，二燕將去，悲鳴庭户。榭書一紙係燕尾曰：「悮到華胥國裏來，玉人終日苦憐才。雲軒漂去無消息，灑淚春風幾百回。」來春燕至，尾有小柬，乃有寄詩曰：「昔日相逢冥數合，如今睽遠是生離。來春總有相思字，三月天南無燕飛。」明年，燕果不來。劉禹錫《金陵三咏》有《烏衣巷》詩，即知王榭事匪虚耳。

滕王閣記

王勃舟次馬當水次，見一叟曰：「來日滕王閣作記，子可搆之，垂名後世。」勃曰：

「此去洪水六七百里，今晚安可至也？」叟曰：「吾助汝清風一席，中源水府，吾主此祠。」勃登舟張帆，未曉抵洪。謁府帥閻公。公俾爲記，贈百縑。回舟登岸，叟坐前石磯上，曰：「神既借以好風，又教以不敏。壽夭窮通，可得知否？」叟曰：「子神强骨弱，氣清體羸，腦骨虧害，目睛不全，秀而不實，終不貴矣。子過長蘆祠，以陰錢十萬焚之，吾有博債未償也。」叟冉冉没於水際。後過長蘆，有羣烏飛集桅檣，舟不進。勃取紙焚之，舟即行。

蔓定僧

陳覺場屋失意，遊鴈蕩山。遠視一木如翠蓋狀，乃板蘿捫石至木下。蔓草纏遶，一僧坐入定，手觸其衣，則隨風而化。覺結庵其旁，僧忽欠伸開目，曰：「吾有衣寄山岩，命虎守之。持吾錫杖取衣，虎自不加害。」覺入岩得衣，虎摇尾而去。僧衣新衣，説法申曰：「妙中得妙即法性，空中得定乃真空。積善累凶皆由汝意，成佛作鬼悉自心原。一切法門本來無門，一切妙用本來無用。一身何所有，萬法本歸空。汝可削髮，以順吾教。」覺曰：「髮膚受之父母，不敢毁傷。」僧曰：「日月星爲三光，明則一也；天地人爲三才，道則一也。儒釋道三教，道亦一也。道，養性也；釋，適性也；儒，修性也。」因授覺度世法。後人呼其岩爲説法岩。

長老惧卞

僧惧卞，住持通州琅山，入城中開元寺説法。有僧問：「既稱長，何故年少？」師沉吟曰：「千年朱頂鶴，一日鳳凰雛。」僧曰：「見答何遲？」師曰：「洞深雲出晚，澗闊水流遲。」或問：「琅山長老因何來開元寺説法？」師曰：「家家觀世音。」或問：「木魚何義？」曰：「魚晝夜不合目，欲修行者日夜忘寐思道也。」

老僧今日又遷居

楚郎中同子弟遊茅山。遠望林壑，既至一小庵，僧年八九十矣。曰：「諸子何故至此？此去三里，有寺可宿。」諸子乃去。逼暮至寺，因言其故。寺僧驚曰：「我輩知之，此僧隐北山三十年未嘗得見，願同作禮。」凌晨至庵，已無人。留詩題曰：「數株松檜食不盡，一沼芰荷衣有餘。剛被旁人相問訊，老僧今日又遷居。」

紅梅

蜀州有紅梅數本，郡侯建閣扃鑰，遊人莫得見。一日，有兩婦人，高髻大袖，憑欄語笑。郡侯啓鑰間不見人，惟東壁有詩曰：「南枝向暖北枝寒，一種春風有二般。憑仗高樓莫吹笛，大家留取倚闌干。」

王魁傳

王魁下第失意，入山東萊州。友人招遊北市，深巷小宅，有婦人絶艷，酌酒曰：「某名桂英。酒乃天之美禄，足下得桂英而飲天禄，前春登第之兆。」乃取擁項羅請詩。生題曰：「謝氏筵中聞雅唱，何人戛玉在簾幃。一聲透過秋空碧，幾片行雲不敢飛。」桂曰：「君但爲學，四時所須我辦之。」由是魁朝暮去來。踰年，有詔求賢，桂爲辦西遊之用。將至州北望海神廟，盟曰：「吾與桂，誓不相負，若生離異，神當殛之。」魁至京闈，寄書曰：「琢月磨雲輸我輩，都花占柳是男兒。前春我若功成去，好養鴛鴦作一池。」後唱第爲天下第一。魁私念科名若此，以一娼玷辱，况家有嚴君不容也，不復與書。桂寄書曰：「夫貴婦榮千古事，與君才貌各相宜。」又曰：「上都梳洗逐時宜，料得良人見即思。早晚歸來幽閣内，須教張敞畫新眉。」又曰：「陌上笙歌錦繡鄉，仙郎得意正疏狂。不知憔悴幽閨者，日覺春衣帶系長。」魁父約崔氏爲親，授徐州僉判。桂喜曰：「徐去此不遠，當使人迎我矣。」遣僕持書。魁方坐廳決事，大怒，叱書不受。桂曰：「魁負我如此，當以死報之。」揮刃自刎。魁在南郡試院，有人自燭下出，乃桂也。魁曰：「汝固無恙乎？」桂曰：「君輕恩薄義，負誓渝盟，使我至此。」魁曰：「我之罪也。爲汝飯僧誦佛書，多焚錢紙，捨我可乎？」桂曰：「得君之命即止，不知其他也。」魁欲自刺，母曰：「汝何悖亂如此？」魁曰：「日與冤會，逼迫以死。」母召道士高守素屢醮。守素夜至官府，魁與桂髮相繫而立。有人戒曰：「汝知則勿復拔。」數日，魁竟死。

玉溪夢

金俞遊關中，過大回山，望西峰，石壁日射如血。父老云：「秦坑儒於此。」俞題詩曰：「儒血未乾秦鹿走，焚書烟斷漢兵呼。歸仁棄虐蒼生意，黔首從來本不愚。」夜夢二吏追至一處，若王者居，曰：「此秦皇玉溪宮也。」俄見秦皇曰：「與汝時異而代變，何今是而古非？謗古者律文所禁，訕上者罪不容誅。」命左右斬之。俞曰：「向使陛下納直士之正言，拒佞人之邪說，天下從何而叛也？尚以昔時不道之氣，加今日無過之人。」秦皇怒少霽，令爲文謝過。乃命東偏賜食，又令著秦所以失、漢所以得。秦皇覽奏涕下，曰：「卿言正中吾過，恨不與卿同時。」俞曰：「使臣生於陛下時，亦不能用，當時豈無正人哉！」秦皇曰：「吾幽處此宮，不知歲月多少。因卿言自咎不已，卿可還矣。」命吏送還。

江南李氏宫中詩

歐陽永叔曰：「詩，源乎心者也，富貴愁怨，係乎所處。」江南李氏宫中詩曰：「簾日已高三丈透【一】，金爐次第添香獸。紅錦地衣隨步皺，佳人舞徹金釵溜。酒惡時拈花蕊嗅，别殿時聞簫鼓奏。」與「時挑野菜和根煮，旋斫生柴帶葉燒」之句異矣。

弱冠有幾

王文正公曰：「卑幼接對尊長，或侍先生父執，有問當以實對。近有世家子弟，吾問其年幾何，曰弱冠有幾。問乘馬，曰千乘驢，曰有衞子。又問曾謁某官乎，曰扎得一刺，見擬祇候。」

論琴

舜作五絃琴，歌《南風》，思長養之德也。後增之文武二絃。師曠一曲未終，則大風雨，隨三年國大旱。甚哉，正聲之作，薄德者不可聽也。其曲不過《廣陵散》、《風入松》、《别鶴怨》十餘弄耳。今好琴者雜以新聲，悲夫！

【一】高三丈　「三丈」原作「丈五」，據四庫本《類説》及阮閲《詩話總龜》前集卷五乙改。

李積化爲虎

唐李儼爲御史【二】，奉使嶺表，路出荆南，驛吏曰：「溪曲有虎，可由山後路行。」儼曰：「吾銜王命，避虎何也！」鞭馭而去。有虎躍出，返入大草中言：「幾傷吾故人。」儼識其聲，是其友李積也。問曰：「君何由至此？」虎曰：「昨病發，狂走山谷間，化爲虎。自是冕而趨者，翼而翔者，毳而持者，搏而啖之。向有一婦人銀握臂，吾銜至水，去斯百步，君過而取之，遺吾家。吁食其人而取其物以遺妻子，非人所爲，今日吾倒行逆施耳。」儼曰：「君平生得此有恨乎？」虎曰：「吾曾私孀婦，其家常有害我心。吾因醉，一家盡殺之而去。此爲恨耳。」儼上山未定，見巨虎大吼，聲震林木而去。

【二】唐李儼　「李」原闕，據《錦繡萬花谷》前集卷二九補。

人魚

張守信泊舡新開湖，有漁者舉網得魚近百斤，自腰而下魚也，腰上乃美婦人。守信酌酒飲之，面益紅美。或取湯一杓飲之，急噴去，似傷乎熱也。舟人曰：「殺之不祥。」復還之深水。其魚合掌言，曰：「劫火未壞，人首魚身者，昔爲東魯太史，今作泊水小君。投我以酒，固以爲感；沃我以湯，斯亦不仁。」

進士吕口

楊愿監都下倉，有通謁云：「江州進士吕口。」既見，投短啓曰：「幽室微光，寒泉涸滴。楊宜之庖屢空，孔緒之車何適？」愿曰：「孔緒之車何故事也？」其人曰：「楊三，楊三，汝楊返之孫，楊中之子也。孔緒之事，何必問也？」愿怒，欲擊之。其人溘然仆地，惟露幞頭巾子。愿遽鋤之，化爲大鼠，走入倉下。

獨眠孤館

唐州押衙崔慶成，轄香藥綱詣内庫，抵皇華驛舍。夜見美婦人曰：「今日見君，君必有疑。今日捨君，我寧不悔？俟君回轅，别圖後會。」擲字云：「川中狗，百姓眼；媽撲兒，御厨飯。」洎還，不敢宿皇華驛，寓旅邸。前婦人來曰：「今日之事可諧否？十二字能辨否？」慶成不對。因命青衣進酒，終不舉盞，乃作詩云：「妖魂芳魄自古靈，多情心膽似平生。知君不是風流物，卻上幽原怨月明。」青衣曰：「小娘子嘗養鸚鵡，十餘年竟不言，乃其驗乎？」婦人歎曰：「是矣！」乃作《啞鸚鵡》詩云：「雕籠馴養許多時，終歲曾無一句詞。深恨化工情大誤，因何偏與好毛衣。」擲紙於地，燈火俱滅。丁晉公嘗見十二字，曰：「川中狗，蜀犬也，『獨』字；百姓眼，民目也，『眠』字；媽撲兒，瓜子也，

『孤』字；御厨飯，官食也，『館』字。乃『獨眠孤館』四字。」

戴嵩牛

唐戴嵩善畫水牛。因筆墜，則爲烏牛；畫飲水之牛，則水中見影；畫牧童牽牛，則牛瞳中有牧童。

胡大婆

牛世基就學東林山寺，夜有叩門者云：「胡三婆祇候。」既坐，曰：「吾東海龍王之姑。龍王功德高上，天許作碑，故來奉託。」世基未許，乃曰：「某言輕，令二家婦奉告。」俄有胡二婆祇候，曰：「何故不爲下筆？當令大家婦奉告，伊甚有性氣。」旋有冷風觸面，大婆目若電光，正色云：「適令二妹託作碑，已磨白螭石，仍請紫陽大人題額。足下若入此緣，萬劫不朽。」世基急取紙，書云：「洪因聖果，雖已有成。」有僕勾龍信，乃持杖云：「空山夜半，是何神鬼，輒敢撓人？」於大婆脛後擊之。大婆戟手曰：「此事當令孫驃騎折。」又聞人語曰：「地下幸有韓文公、李白輩，隨分道得文字，那個兔家教託此人，唆使下打損大婆？這公事了不得！」忽有甲馬泊殿東，召世基曰：「某即孫驃騎也。勾龍信自有處置，秀才亦須薄譴。」一吏刺世基面云：「配北山放羊。」驃騎領兵出寺，視勾龍信已斃於竈下。世基以妖怪文其面，欲自盡。老僧曰：「何不飛章上告？」世基纔執筆，面上字已失。其僕則竟不生矣。

詩讖

廖融處士作句曰：「雲穿搗藥屋，雪壓釣魚舡。」融自解曰：「屋破雲穿其中，無人也；舡爲雪壓，無用也。」未幾，果卒。

佛家鄉

余安道《遊山寺》詩云：「暫離人世界，且到佛家鄉。」議者以爲不吉，果卒。

滄浪亭詩

蘇子美《滄浪亭》詩云：「自嗟不及游魚樂，虚作人間半世人。」又「山蟬帶響穿松户，野蔓蟠青入破窗。」窗破蔓蟠其中，似無人居，竟世所惜。楊軒燈詩：「解照日月不照處，獨明天地未明時。」然日月不照處，有照何用也？天地未明時，能明何用也？軒竟卒於布衣。

頭顱可知

陶弘景《與從兄書》云：「昔仕宦，期四十左右作尚書郎，即投簪高邁。今三十六方作奉朝請【三】，頭顱可知，不如早去。」

題詩得水仙

桂陽王會客，分作詩，弘景探題得水仙。

日窟月阿

「東卷日窟，西駢月阿。」弘景賦詞。

蓬萊都水

夕見定籙府丞，來日欲以公代蓬萊都水使者。

【三】今三十六　「今」原作「令」，據《錦繡萬花谷》前集卷二五、《雲笈七籤》卷一〇七改。

校勘記

翰府名談

劉斧撰

仁宗容諫

包拯直諫院，危言正議，傾動朝野。仁宗曰：「忠鯁之言，苦口逆耳。蓋有所益己。設或無益亦無所害人，何必拒而責之？」

宰相坊侍郎里

西洛有五相宅，乃文潞公、富相、王相、二張相也。諺曰：「有宰相坊、侍郎里。」

玉盃

韓魏公知北都，有獻二玉盃，公荅以百金。乃開宴招貴客，特設一桌，致盃其上。將酌酒偏勸坐客，俄爲吏誤觸臺倒，玉盃俱碎，坐皆失色，吏伏地待罪。公神色不動，曰：「物破亦有時。汝誤也，非故也，何罪之有？」

【一】螢窗下　「螢」原作「營」，據《詩話總龜》卷二二、《苕溪漁隱叢話》後集卷四〇、《永樂大典》卷一三一三六改。

萊公蒨桃

寇萊公夢得麗人蒨桃。後有姥携女，公造焉，姥曰：「女不見客。」公曰：「爾試呼之。」少選，出拜曰：「此吾主也。」公悟向所夢，遺姥銀百星，售女爲妾，語言多有補益。後公出鎮北門，宴集無虚日。有善歌者，公贈之束絲，意尚未滿。蒨桃爲詩曰：「一曲清歌一束綾，美人猶似意嫌輕。不知織女螢窗下【一】，幾度抛梭織得成。」後公南遷雷州，蒨桃泣曰：「妾無奇功上昇於仙，有薄效不入於鬼。前世師事仙人爲侠，嘗有巨官爲侍兒所鴆，妾往戮之，失詳審，孕已數月，是一戮而殺二人。受譴再入輪回，宿根有契，爲公侍妾，今將别去。公當爲地下主者，乃閻浮提王。天符即下，宜即後事。」明日，蒨桃果卒。公不久亦亡。

明皇

唐楊妃夢與明皇遊驪山，至興元驛，方對食，後宫忽告火發。倉卒出驛，回望，驛木俱爲烈焰。俄有二龍，帝跨白龍，其去如飛；妃跨黑龍，其行甚緩。左右無人，惟一蓬頭黑面物，貌不類人。望帝去甚遠，觸一危峰，沉烟靄中。開目，則獨在一室。黑面物曰：「某，此峰神也。」有一騎來，授妃益州養蠶元后。倏然夢覺。翌日，漁陽叛書至，馬嵬縊妃子死。帝曰：「夢今應矣！與朕遊驪山，驪與離同。方食火發，失食之兆。火，兵氣也。驛木俱焚，易與驛同，加木於旁，楊字也。吾跨白龍，西遊之象；彼跨黑龍，陰暗之理。獨行，無左右之助。一騎，馬也；峰神乃山鬼也。果死於馬嵬乎？當授益州養蠶元后，養蠶，所以致絲也；益旁加絲，縊字也。」夢至一處，題曰「東虚府」。又至一院，題曰「太一玉真元上妃院」。入見太真隔一雲母屏，對坐不見其形。帝曰：「汝思吾乎？」妃曰：「人非木石，安得無情！異日當共跨暗暉，浮落景，遊玉虚中。」帝曰：「碧海無涯，仙山路絶，何計通也？」妃曰：「若遇鴈府上人，可附信矣。」帝既覺，作詩曰：「風急雲驚雨不成，覺來仙夢甚分明。當時苦恨銀屏影，遮隔仙妃只聽聲。」後思雁府上人之言，果有洪都道士，於海上仙峰得鈿合私言而回。

玉帝賜清涼丹

吕誨獻可以言事出安州。一日，獨坐小軒，因合目即有所見，有一碧衣童子云：「玉帝南遊炎洲，召子同行，糾正羣仙。」自此，口食天庖，身遊紫府。炎洲苦熱，上帝賜公清涼丹一粒，公拜賜而咽之，喉若冰雪。公自知不久於世。有朱明復者，湘江道中見金甲吏兵數百人，跨玉角青鹿。明復拜曰：「公其仙乎？」笑而不答，口占詩曰：「功行偶然書玉闕，衣冠無限葬塵埃。我今從帝爲師糾，更有何人直栢臺。」

賣卒死藥

管城有一道人，衣青布袍，挾一小籃，但云賣卒死藥。有一弓手姓李，曰：「聞呂先生晦迹人間，此人貨藥，累日無一人買，豈非以道化人乎？」即往問曰：「人皆懼死，豈有買者？」道人歎曰：「吾藥七粒，服之立死，只賣七金。」李曰：「我不怕死。」奉納七金，求藥一服。道人解瓢取藥，皆深紅色，曰：「決死矣，宜謀後事。」李得藥，遲疑未敢餌。至曉，又思曰：「服藥七粒即死，豈有是理！」因取服之，開貼，乃俗所謂屁盤蟲七枚。因罵曰：「道人紿我耳！」即往問之，笑曰：「前藥已盡，當別與君藥。」又解瓢，取七粒，皆褐色。李即服之。道人曰：「他日淮、浙間相見。」長揖而去。李自爾見飲食，臭穢不可近，日惟飲酒數杯。

帶取老婆去

封丘縣南赤岡店，夜輒有怪，常稱「帶取老婆去」。行人恐懼不敢過。遞鋪張德承受急遞，不敢遷延。夜深，一姥自草中出，曰：「帶取老婆去。」德素有膽，厲聲曰：「我帶你去，可上我背。」姥欣然前就，德捉其兩足，繩縛於腰間。行數里，姥却云放下，德不應，姥求哀不已，既而言甚低，身亦輕。到前鋪，舉視之，但縛古爛棺板一片。焚之，臭聞數里，啾啾有聲，其怪遂絶。

嵩山見李白

白龜年至嵩山，遥望東岩，古木嵰幕窣地。步至其旁，樽俎羅列。有一人前曰：「李翰林相召。」龜年趨進，其人褒衣博帶，色澤秀發，曰：「吾則唐李白也。子之祖，乃白居易也。雖不同代，亦一時人，以其道同今相往復。吾自水解，放遁山水之間，因思故鄉，西歸嵩峰中。帝飛章上奏，見辟於此掌牋奏已百年矣。近過潼，適有詞曰：『誤入桃源深洞，一曲妙歌舞鳳。常記欲别時，明月落花烟重。如夢，如夢，和淚出門相送。』」龜年曰：「吾祖今在何處？」曰：「在臺上功德所，從昔日之志也。」又出書一卷，遺龜年曰：「讀之可辨九天禽語、大地獸言；更修功行，可得仙也。」後龜年遊潞州，太守知有異術，召而詢之。庭下有二雀啾唧而過，太守曰：「彼何言也？」曰：「城西民家閒廩，有餘粟在地，共食之。」使人驗之，果然。又見廐馬仰首而嘶，問曰：「此又何言？」曰：「槽中料熱，不可食。」時近清明，將吏驅羊二十餘，曰：「後一羊不行，鞭之有聲。」太守曰：「羊不行有説乎？」曰：「羊言腹内羔將産，待其生子，然後就死。」守乃留羊，月餘果産。龜年放迹方外，時有人見之者。

遊奕將求《金光明經》【一】

陳堯咨泊舟三山磯，有老叟曰：「來日午後有大風，舟必覆，宜慎之。」來日天晴，萬里無片雲。舟人行，請解纜，公曰：「更待之。」同行舟一時離岸，公托以事。至午，天色帖然，俄黑雲起於天末，大風暴至，折木飛沙，怒濤若山，同行舟多沉溺。公驚歎。又見前叟曰：「某亦非人，乃江之遊奕將也。以公他日當位宰相，固當奉告。」公曰：「何以報德？」叟曰：「吾本不求報。貴人所至，龍神理當衛護。願得《金光明經》一部，某乘其力薄有遷職。」公許之。至京，以《金光明經》三部，遣人至三山磯投。夢前叟曰：「本欲祈一，公賜以三，連升數秩。」再拜而去。

溷獄對事

市民丘信暴卒，經宿復活，云：「初見一吏出吾口，氣遂絶，擲於門外。俯首入門，望其屍卧堂下。又一吏曰：『無令氣絶，此但對事耳，留一魂以守屍。』俄至一處，若公所，令赴溷獄對事。入一棘門，污地臭穢不可近，地面有亂髮。吏以杖擊一髻，曰：『樵成即出。』頭應聲，吏曰：『汝適擬言，某年月日殺羊、豕十二隻，乃丘信遣汝殺。今以信對。』信聞其聲，乃州南樵二郎也，面色醜惡不可辨。呼信曰：『我罪迷天地，子爲分其十二之

【一】遊奕將求金光明經　「求」原闕，據四庫本《類說》補。

數，以減我過。』信曰：『昨以衆户賽神，信實主之，但於子處過，非我遣子殺也。』其頭復没穢下。吏曰：『子無罪，當回。』信問：『此人何時可出？』吏曰：『殺猪、羊踰數萬，受此苦滿數千歲方受生。復割其肉，以償殺者，死而復生，生而復死，雖千百世，償之未盡。』」

李後主詩

江南李主，一目重瞳，務長夜之飲，内日給酒三石。藝祖勑不與酒，奏曰：「不然，何計使之度日？」遂復給之。李主姿貌絶美，藝祖曰：「公非貴貌也，乃一翰林學士耳。」有詩曰：「鬢從近日添新白，菊是去年依舊黄。」又云：「青鳥不傳雲外信，丁香空結雨中愁。」皆是氣不滿，有亡國之悲。臨終，有詩云：「萬古到頭爲一醉，死鄉葬地有高原。」

待予心肯日是汝命通時

唐莊宗有從行禁旅，乞叙功遷補，帝終不納。李嗣源爲述其勞，帝曰：「朕亦知慶薄有軍功，但見其面即憤然。」因舉唐太宗詩，曰：「待吾心肯日，是汝命通時。」

蘇麟詩

蘇麟詩曰：「近水樓臺先得月，向陽花木易逢春。」

獨擊鶻

王素爲憲臺，風力甚勁，號「獨擊鶻」。

燕北雜記

武珪　撰

壓穰法

每年正月一日，以糯米炊飰，用白羊髓和丸爲團，如拳大。行宫寢帳内各散四十九丸，爲壓穰法。番中呼此謂之「妳担離」。妳是丁，担離是日。

蕭姓請耶律

二月一日，番中蕭姓者，並請耶律姓者於本家筵席。番呼此節爲「瞎里尀」。瞎里是請，尀是時。

木兔

三月三日，以木雕爲兔，分兩朋，走馬射之，先中者勝。其負朋下馬，跪奏勝朋人酒，勝朋於馬上接琖飲之。番呼此節爲「淘裹化」。淘裹是兔，化是射。

艾衣

五月五日午時，採艾摘葉，與綿相和，絮衣七事，戎主著之。番漢臣僚各賜艾衣三事，渤海厨子進艾膏。番呼此節爲「討賽離」。

請蕭姓者

六月十八日，耶律姓却請蕭姓者，亦名「瞎里叵」。

三節

七月十三日至十五日，迎節，送節，哭節。大番呼爲「賽離捨」。賽離是月，捨是子。

埋狗

八月八日，殺白犬於寢帳前七步，埋其頭，露觜，後七日，移寢帳於埋狗頭地上。呼此節爲「担褐妳」。担褐是狗，妳是頭。

打圍斗射虎

九月九日，打圍斗射虎，少者輸重九一筵席。射罷，於地高處卓帳飲菊花酒。出兔肝切生，以鹿舌醬拌食之。呼此節爲「一十賽」。一十是九，賽是九。

木葉山

十月，將小紙衣甲、像生、鎗刀、器械，望木葉山寄庫。呼爲「戴辣」。戴是燒，辣是甲。

奠黑山

冬至日，殺白羊、白馬、白鴈，出生血和酒，望黑山奠神。言契丹死，魂爲黑山神管係。

旋風

契丹見旋風，合眼，用鞭望空打四十九下，口道「坤不刻」七聲。

戎裝飲

臈月，戎裝飲酒，呼爲「粆離叵」。粆離是戰，叵是時。

種田

番呼種田爲「提烈」。

治盜

正月十三日，放契丹做賊三日，如盜及十貫以上，依法行遣，呼爲「鶻呂」。鶻呂是偷，𣅜是時。

擂鼓

戎王別有鼓十六面，發更時擂動，至二點住，三更再擂，呼爲「倍其不離鼓」。是驚鬼。

舍利

契丹富豪民要裹頭巾者，納牛駝七十頭、馬百疋，並給契丹名目，謂之「舍利」。

行軍

契丹行軍不擇日，用艾和馬糞，於白羊琵琶骨上灸，灸破便出行，不破即不出。

午日大喊

番兵每遇午日，如不逢兵，亦須排陣，望西大喊七聲，言午是番家大王之日。

十里鼻

北界漢兒，方爲契丹淩辱，駡作「十里鼻」。「十里鼻」，奴婢也。

使遼録

張舜民　撰

割馬肝

接伴使耶律永興、副姚跂回，張向問：「北馬有割去肝者，遂如無病能行，果否？」云：「有之。其法飲以醇酒，於腋間破之，取去少肉，然亦十失八九。」又問：「鶻巢中生獵犬，果否？」云：「亦有之，然極難得。今駕前有二隻，其性識頗異，每獵而獲十倍常犬。」

吹葉成曲

胡人吹葉成曲，以蕃歌相和，音韻甚和。

打圍

北人打圍，一歲間各有所處。正月釣魚海上，於水底釣大魚；二月、三月放鶻號海東青打鴈；四月、五月打麋鹿；六月、七月於凉淀處坐；八月、九月打虎豹之類，自此直至歲終。如南人趁時耕種也。

南朝峭漢

跋回云：白來奉使北朝，禮遇之厚無如王拱辰，預釣魚放鶻之會，皇帝親御琵琶以侑酒。是時，先父館伴，相得甚歡。拱辰謂先父云：「南朝峭漢惟君。」異日，先父爲上道此語，上曰：「拱辰答問，似此語言極多。其才器不在人下，然識量不足，難於遠到。吾見奉使之人，惟富弼不可量也。」因問：「南朝如卿人材有幾？」弼曰：「臣斗筲之器不足道，本朝人材勝如臣者車載斗量，安可數計？」察斯人大未可量。

銀牌

形如方響，刻蕃書「宣速」二字。使者執牌馳馬，日行數百里，所至如虜主親到，須索更易，無敢違者。

黑山

虜中黑山如中國之岱宗，云虜人死，魂皆歸此山。每歲，五京進人馬紙各萬餘事，祭山而焚之。其禮甚嚴，非祭不敢近也。

佛粧

胡婦以黄物塗面如金，謂之佛粧。

以車渡河

過盧溝河，伴使云：「恐乘轎危，以車渡，極安而速濟。」不曉其法。

遯齋閑覽

陳正敏　撰

名賢

妙齡穎悟

楊大年内翰七歲，對客談論，有老成風。年十一，太宗聞其名，召對便殿，授秘書正字，且謂曰：「卿久離鄉里，無念父母乎？」對曰：「臣見陛下，如臣父母。」上歎賞久之。

剛果而和

程丞相琳性嚴毅，無所推下。出鎮大名，每晨起，據案決事，左右皆惴恐無敢喘息。及開宴，召佐飲酒，則笑歌歡譆，釋如無聞。於是人畏剛果，而樂其曠達。

盜入魏公室

韓魏公鎮相州，因祀宣尼，齋宿省夜，偷兒入室，挺刃曰：「不能自濟，求濟於公。」公曰：「几上器具可直百千，盡以與汝。」偷兒曰：「願得公首，以獻西人。」公即引頸。偷兒稽顙曰：「以公德量過人，故來試公。几上之物，已荷公賜。願無他也。」公曰：「諾。」終不以語人。其後爲盜者以他事坐罪當死，於市中備言其事曰：「慮吾死後，惜公之遺德不傳於世也。」

醉僧

孫元規知杭州，號爲神明。有僧元夕市中灸頂求化，施利山積。公命捕其妻女數人，遂寘於法。又有僧醉卧道上，爲邏者所擒。規問：「爲僧而飲，何也？」對曰：「野性所嗜，不能自禁。」遂與對酒一壺，一引而盡。公令扶歸，勿使侵侮。僧明日聲鼓登坐，曰：「吾西域人也，溷迹於此，不幸爲此子所識，不可復留矣。」跏趺而逝。

荆公思咸常二卦

王荆公知常州，對客未嘗有笑容。一日會客，娼優在庭，公忽大笑，人頗怪之。有客乘間啓公，公曰：「疇昔席上偶思《咸》、《恒》二卦，自喜有得，不覺發笑耳。」

合依元降指揮

元厚之，熙寧中知福州。有吏白事，公問如何行遣。對曰：「合依元降指揮。」公曰：「元降未嘗指揮。」吏悚而退，終不罪也。

野逸

性度寬弘

羅可，沙陽之碩儒也。性度寬弘，詞學贍麗。嘗預鄉薦，見黜於禮部，遂慨然不復有進取意，以疏放自適，鄉人共以師禮事焉。人有竊刈其園中蔬者，可適見，因躡足伏草間避之，以俟其去。又有攘其雞者，可乃攜索就之，其人慚悚服罪。可執其手曰：「與子幸仝閭里，不能烹雞以待子，我誠自愧。」乃設席，呼其妻孥環坐，盡醉而歸，終不以語人，人由是相誡無犯。年六十七而終。

詩談

華清宮詩

杜牧《華清宮》詩云：「長安回望繡成堆，山頂千門次第開。一騎紅塵妃子笑，無人知是荔枝來。」尤膾炙人口。據《唐紀》：明皇常以十月至驪山，至春即還宮，是未嘗六月在驪山也。然荔枝盛暑方熟，詞意雖是而失事實。

唐參軍簿尉

杜甫《贈高適》詩云：「脱身簿尉中，始與捶楚辭。」韓愈《贈張功曹》詩云：「判司卑官不堪説，未免捶楚塵埃間。」杜牧《寄小姪阿宜》詩云：「參軍與簿尉，塵上驚羌勦。一語不中治，鞭箠身滿瘡。」以此明唐之參軍、簿尉，有過即受笞杖之刑，猶今之吏胥也【一】。

花瑞

揚州芍藥名著天下，郡國最其盛處。仁宗朝，韓魏公以副樞出鎮維揚。初夏，芍藥盛

【一】猶今之吏胥　「猶」原闕，據四庫本《類説》補。

開，忽於藂中得黄緣稜者四朵，土人呼爲金腰帶，云數十年間或有一二朵，不常見也。魏公開宴，召三人者仝賞。時王禹玉作監郡，王荆公爲幕官，陳秀公初授衛尉寺丞爲過客。其後四人皆相繼登台輔，蓋花瑞也。

雪詩

羅可嘗作百韻雪詩，其間有「斜侵潘岳鬢，横上馬良眉」之句。

羅紹威詩

羅紹威唐末爲魏博節度使，喜爲詩。時江東羅隱有詩名，紹威厚禮之，因目己所爲詩號《偷江東集》。如「樓前淡淡雲頭日，簾外蕭蕭雨脚風」之句，無愧於隱。

金山詩

郭祥正《金山》詩，王荆公極愛之。有云：「鳥飛不盡暮天碧，魚歌忽斷蘆花風。」又《山居》詩云：「謝家庄上無多景，只有黄鸝三兩聲。」

西山寺詩

唐《題西山寺》詩云：「終古碍新月，半江無夕陽。」

荆公金山詩

《金山寺留題》詩云：「樹影中流見，鐘聲兩岸聞。」又「天多剩得月，土少不生塵。」若用之於落星寺，有何不可？王荆公云：「天末海雲横北固，烟中沙岸似西興。」尤爲中的。

徐寅詩

莆陽徐寅詩云：「身閒不厭頻來客，年老偏怜最小兒。」洛陽李度詩云：「醉輕浮世事，老重故鄉人。」

動人春色不須多

唐人詩云：「嫩緑枝頭紅一點，動人春色不須多。」不記作者名氏。王荆公親書此兩句於扇上【二】，或爲荆公自作，非也。

詩人以棄官爲高

詩人類以棄官歸隱爲高。趙嘏云：「早晚粗酧身事了，水邊歸去一閒人。」若身事了，則心亦熾，無歸期矣。王易簡公「青山得去且歸去，官職有來還自來」，是豈能忘情於軒冕耶？嘗於壁間見人題云：「謀身待足何時足，未老得閒方是閒。」與所謂「一日觀除目，三年損道心」異矣。

狄遵度詩

狄遵度爲詩，以老杜爲法。嘗爲文祭耒陽之墳，忽夢子美誦詩十餘篇，世所未聞者。及覺，記其彷彿，足成篇，爲《佳城》云：「佳城鬱鬱頽寒烟，孤雛乳獸號荒阡。夜卧北斗寒掛枕，木落霜拱鴈連天。孤雲西去半落日，行客東盡隨長川。乾坤未毁吾尚在，肯與螻

【二】於扇上　「扇」原作「書」，據《苕溪漁隱叢話》前集卷三四、《墨客揮犀》卷一〇改。

蛄論大年。」夜卧以下，子美所誦也。歲餘，遵度卒，時年二十六。

證誤

春秋所引非逸文

《春秋襄五年》楚殺令尹子辛。君子謂：「楚共王於是不刑。」因舉《夏書》「成允成功」爲證。又《哀十八年》巴人伐楚。《傳》引《夏書》【三】：「官占惟先蔽志，昆命於元龜。」此皆《大禹謨》之文。杜預並注云：「逸書也。」是知預未嘗讀《古文尚書》。

吉貝

閩嶺已南多木棉，土人競植之，有至數千株者。采其花爲布，號「吉貝布」。余後因讀《南史·海南諸國傳》，言林邑等國出吉貝木，其花成時如鵝毛，抽其緒紡之以爲布，與紵布不異。亦染五色，織班布，正此種也。蓋俗呼古爲吉耳。

通應子魚

蒲陽通應子魚，名著天下。蓋其地有通應侯廟，廟前有港，港中魚最佳。今人必求其大可容印者，謂之「通印子魚」。故荆公有詩云「長魚俎上通三印」，此傳聞之訛者。

夷言無正音

歐公云：契丹阿保機，李琪集中《賜契丹詔》乃爲「阿布機」，後有人自虜中歸云：

【三】傳引夏書　「夏書」原闕，據閻若璩《尚書古文疏證》卷八補。

「虜中實呼爲『阿保謹』。」以爲傳聞之誤。余嘗思之，蓋夷言無正音，用華語譯不能無訛謬。如漢身毒國，亦號「捐篤」，其後改爲「乾篤」，又曰「乾竺」，今遂呼爲「天竺」矣。譯者但取在語音與中國相近者言之，故隨時更變而莫能定也。

一介行李

《左傳》云：「君不使一介行李，告於寡人。」註云：「行李，謂行人也。」今人乃謂「行裝」爲「行李」，非是。

李陵江淹書

東坡云：「李陵答蘇武書，其詞儇淺，乃齊、梁間人擬作。蕭統不悟，而劉少元獨知之。」據宋史江淹獄中上書云：「此少卿所以仰天搥心【四】，泣盡而繼之以血者也【五】。」正引陵書中語，是又非齊、梁間人所作明矣。年世既遠，真僞難辨如此者多。如《繫辭》，歐公尚疑非仲尼所作，荆公以《詩序》非子夏之文，《禮記》多漢儒所增。五經如此，况其餘哉！朱威以私意改《周易》正經數十處，多見其不知量也。

半夜鐘

歐公《詩話》譏唐人「夜半鐘聲到客舡」之句，云半夜非鐘鳴時，或云人死鳴無常鐘，疑詩人偶聞此耳。嘗過姑蘇，宿一寺，夜半聞鐘。因問寺僧，皆曰：「分夜鐘，曷足怪乎？」尋聞他寺皆然。始知「半夜鐘」，惟姑蘇有之。

【四】少卿　「少」原作「子」，據四庫本《類説》、《南史》卷五九《江淹傳》改。

【五】血者也　「者」原闕，據《南史》卷五九《江淹傳》補。

打字不字

今土俗同訛者，豈惟「打」字？「不」字本分鳩切，人皆以逋骨反呼之。遍檢諸韻，並無此音。

蘭芷

《荀子》云「蘭槐之根爲芷」，自是兩物。又云「蟹六距而二螯」，蟹實八足，不應言「六距」。荀卿，楚人。蘭、芷、蟹，皆楚地所有。著書者既借物以爲喻，當能辨物之形性，不知何以致誤如此！

柘枝

柘枝舞，本後魏拓拔氏之戲，後人鄙之，易「拓」以「柘」，易「拔」以「枝」。

擬古詩

《文選》有江文通《擬古》三十首。如擬休上人《閨情》云：「日暮碧雲合，佳人殊未來。」今人遂用爲休上人詩故事。又擬淵明《田園》詩云：「種禾在東皋，苗生滿阡陌。」今此詩又在淵明集中。皆誤也。

《香奩集》

《筆談》謂《香奩集》乃和凝所爲，後人嫁其名於韓偓，誤矣。唐吴融詩集中，有《和韓致堯侍郎無題》二首，與《香奩集》中《無題》韻同，偓《序》中亦具載其事。又嘗見偓親書詩一卷，其《嬝娜》、《多情》、《春盡》等詩，多在卷中。偓詞致婉麗，非凝能及。凝言：「予有《香奩集》，不行於世。」凝好爲小詞，洎作相，專令人收拾焚毁。然則凝之《香奩集》，乃浮艶小詞。所謂「不行於世」，欲自掩耳，安得便以今《香奩集》爲凝作也？

歐公疑《易》未完書

歐陽永叔作《傳易圖序》云：「予讀《經解》至引《易》曰：『差若毫釐，謬以千里』之句，今《易》無此文，疑《易》非完書。」且《經解》所引，按王充《論衡》，乃《易》之緯文。永叔於《易經》求之，誤矣。

細末將來

太祖皇帝内宴，令進粉，故名「頭食」。後人宴集將終，方薦此味，蓋失其次耳。又州郡公宴，將作曲，伶人呼「細末將來」。蓋御宴進樂，先以絃聲發之，後以衆樂和之，故號「絲抹將來」。今所在起曲先以竹聲，不惟訛其名，亦失其實矣。

一壺千金

傳云：「中流失舡，一壺千金。」乃今所謂「浮鐶」者，浙人呼爲「壺」。明州昌國縣在海島中，今往來舡有二鐶，舟人云「壺」也。

鍾馗

今人歲首畫鍾馗辟邪，俗傳起於唐明皇時。皇祐中，穿地得碑，乃宋宗慤母墓誌，載其妹名「鍾馗」。又《北史》：堯暄本名鍾葵，字辟邪，生於魏道武時。又有于勁者，亦字鍾馗。以世數考之，暄又居前，則知不特起於宋也。然「馗」、「葵」二字不同，必傳寫有誤。

雌黄

古人寫書皆用黄紙，以檗染之，所以辟蠹，故曰「黄卷」。有誤字，以雌黄滅之，爲其與紙色相類，故可否人文章，謂之「雌黄」。

燕肉餌魚

有漁者得魚甚易，云：取燕肉和麪爲餌爾。則人食燕肉，必爲蛟龍所害。魚與蛟龍皆水類，故其説爲可信。

太陰玄精石

鹽有十餘種，海鹽最美；其次解鹽，然食之令人多風。鹽精英在地，歲久凝結如水精，名「太陰玄精石」，其味苦。《本草》云「味鹹」者，誤也。

雜評

編詩

或問王荆公云：「編《四家詩》，以杜甫爲第一、李白爲第四，豈白之才格詞致，不逮甫耶？」公曰：「白之歌詩，豪放飄逸，人固莫及，然其格止於此而已，不知變也。至于甫，則悲歡窮泰，發斂抑揚，疾徐縱横，無施不可。其詩有平淡簡易者，有綿麗精碻者，有嚴重威武，若三軍之帥者，有奮迅馳驟，若汎駕之馬者，有寂寞閒靜，如山谷隱士者，有風流藴藉，若貴介公子者。蓋其詩緒密而思深，觀者苟不能臻其閫奥，未易識其妙處，夫豈淺近者所能窺哉！此甫之所以光掩前人，而後來無繼也。元稹以語兼人人所獨專，斯言信矣。」或者又曰：「唐人之呼，何以李加杜先，而語之李杜，豈當時之論有所未當歟？」公笑曰：「名姓先後之呼，豈足以優劣人哉？蓋漢之時，有李固、杜喬者，世號李杜；又有李膺、杜密，亦語之李杜。當時甫、白復以能詩齊名，因亦謂之李杜，取其稱呼之便耳。退之詩有曰：『李杜文章在。』又曰：『昔年嘗讀李白、杜甫詩。』則李在杜先；若曰：『遠追甫白感至誠。』又曰：『少陵無人謫仙死。』則李居杜後。如此，則孰爲優劣？如今人呼其姓則謂之『班馬』，呼其名則謂之『遷固』。先而白居易與元稹同時唱和，人號『元白』；後與劉禹錫唱和，則語之曰『劉白』。居易之才，豈真下二子哉！若曰『王楊盧駱』，楊炯固嘗自言：『余愧在盧前，恥居王後。』益知稱呼前後，不足以優劣人也。晉王導嘗戲諸葛恢云：『人言王葛，不言葛王，何邪？』恢答曰：『譬言驢馬，豈驢能勝馬邪？』君若泥稱呼爲優劣，將復有以此戲君者矣。」或者又曰：「評詩曰謂甫期白太過，反爲白所誚。」公曰：「不然。甫贈白詩云：『清新庾開府，俊逸鮑參軍。』但比之庾信、鮑昭而已；又云：『李侯有佳句，往往似陰鏗。』詩又在庾鮑下矣。飯顆之嘲，唯一時戲劇之談，然二人者，名既相逼，亦不能無相忌也。」

論《晉史》

《晉史》僞誕極多，有甚害名教者。如鄧攸挈子與兄子偕行，時盜起，攸恐不能兩全，欲活兄子，遂棄己子，其子追及，攸乃縛於道旁而去。如此則攸之滅天性，何足爲賢？《列女傳》：王渾見王濟趨庭，曰：「生子如此，足慰人意。」妻鍾琰曰：「新婦得配參軍，生子不翅如此。」何等語，乃載之史册，更謂之列女乎？謝安，捷書至，正與客棋，還内，不覺屐齒之折，謂之「矯情鎮物」。安之過海，風起浪湧，諸人皆懼，而安自若。又，桓温欲害安與王坦之，坦之倒執手板，而安神色不變。苻堅入寇，獨無懼色。如此之類，曰「矯」可乎？故荆公詩云：「鄙哉斗筲人，得失易驚怯。妄言屐齒折，吾欲刊史牒。」蓋深疾作史者之謬也。

《南北史》

李延壽著《南北史》，粗得作史體，故《唐書》本傳亦謂其過本書遠甚。然好述妖異、兆祥、謡讖，特爲繁猥，如云陳主名叔寶，以反語爲「少福」，且俚俗反語，豈足載！凡人以叔寶爲名字者固多，若從反語，盡爲「少福」乎？又齊文宣即位，年號「天保」，以字文析之，爲「一大人只十」，故天保盡十年而帝崩。如梁主蕭歸襲位，亦號「天保」，而盡二十三年，一何無據也？此類甚多，可盡削去。

蘭亭不入選

王右軍蘭亭以「天朗氣清」自是秋景，似此不入《選》。然「絲竹管弦」語，亦重複也。

杜預碑

杜預製二碑，一沉水中，慮數百年後水爲陵則碑出。預但知陵谷有遷變，而不知石亦有磨滅。此一説也。然深谷爲陵，則必實以土，然後爲陵。谷既爲陵，則石亦埋没，豈復可見！此又不達物理。

人事

安石遇人談文

舒王退謝金陵，幅巾杖履，獨遊一寺，遇數客盛談文史，詞辨紛然。公在側，人莫之顧，有一客徐謂曰：「爾知書乎？」公但唯唯。復問：「君何姓？」拱手而答曰：「安石姓王。」衆賓惶慚，遽謝而退。

修寺焚僧

太平興國，江東有僧詣闕，請修天台壽昌寺【六】，且言寺成願焚身以報。太宗命入内高品衛紹欽督事其。紹欽日與僧笑語無間。及營繕畢，乃積薪於庭，呼僧從願。僧言願見至尊面謝，紹欽不許。僧大怖，泣告，紹欽促令登薪，火盛僧欲下，紹欽遣左右以杖抑

【六】壽昌寺　「壽昌」原闕，據《宋史》卷四六六《衛紹欽傳》補。

按，焚之而退。

娶婦離間友愛

姑蘇馮氏兄弟三人，甚相友愛。其季娶婦逾年，輒風使其夫分異。夫怒詬曰：「吾家義居三世矣，汝欲敗吾素業耶？」婦乃不復言。而其仲每對親戚，常切齒以語：「此婦必敗吾家。」一日，其婦向夫悲泣求去，詰之不答。固問之，始收淚曰：「妾父母以君家兄弟篤於友義，故以妾婦君。今仲常欲私我，我不敢從。每恚怒欲令君逐妾，向勸君卜居於外，其實慮此。使妾不幸爲仲所污，縱君含恥能忍，妾亦何面目以見親族乎？」季怒，遂逼其兄析居，而孝友衰焉。王荆公曾言：「柳開所撰其叔母墓誌云：『人家兄弟無不友愛，多由娶婦離間。』」觀此，眞可以爲誡焉。

妬

婦人之妬，出於天性，殆不可開諭，甚者雖脅以白刃不變也。故小説載唐太宗賜房玄齡妻酒事，至今以爲口實。近世士人中二事尤異，皆不欲顯其姓名。陳浩吉通直云：四十年前，撫州監酒范寺成，妻色美而妒，范甚寵憚之。同輩每休，招妓燕集，皆不得預。一夕，范輪次直宿，謂告有私釀者，范晨率吏卒徑往搜捕。其司李供奉平日與范無間，素知其妻妒，乃戲取官妓雙履，密置范卧具中。須臾，務吏挈衾囊歸，妻抱衾見履，神色沮喪，詰吏所以來，吏對不知。於是泣怨良久，因拊心而呼曰：「天乎！吾至是耶！」乃入室閉户而寢。頃之范還,排門而入,則妻自經死矣。又有人任湖南倅,妻生一子,始及晬,倅甚愛憐之。偶一日,郡守在告,倅攝郡事,會鄰郡太守過郡,與倅有舊。倅爲開宴,命妓佐酒。妓中有一人差秀慧者,立侍倅側,倅顧與語,及戲爲酒令,笑語方酣,見鈴吏擎生肉二盤,一置倅前,一置客前。倅愕問其故,則其子肉也。蓋妻忿夫與妓語,乃手刃其子,封肉以獻,其忍毒至此。

六虎

延平吴氏姊妹六人,皆妬悍殘忍,時號「六虎」。就中五虎尤甚,凡三適人,皆不終。平生手殺婢十餘人。每至夜分,嘗聞堂廡間喧呼擊扑之聲,同室者皆懼。五虎怒曰:「狂鬼敢爾耶!」命闔户,移榻於中庭,乃持刃獨寢,於是徹旦寂然。人謂五虎之威,鬼猶畏之也。

劉喜焚妻

德州軍士劉喜有氣節。嘗出經年,妻與一富人子私通。夫歸紿語妻曰:「汝之前事,我盡知之。吾不能默默受辱於人,又不忍間兩情之好,汝能令富人子以百金餉我,我則使汝詐爲得病而死者,載以凶器而送諸野。汝夜則潛往奔之,如是,庶可以滅口。」妻以爲然。因進百金,託以病逝。夫乃納妻於棺,膠以大釘,遂縱火焚之。即以身自訴於郡將張不疑,奇其節而釋其罪。

醫巫

田峕，閩人。以醫著名，尤善治瘵疾，察形診候，度疾淺深，以計所酬之直，約定始肯爲治，多至五百千，少不下百千，疾平受期，以時月，未嘗有失。峕後自得瘵疾，歷試平日所用之方無一驗，遂死。南人信巫，有疾癘不召醫，惟命巫使行禁呪。辛巳年，臨汀大疫，郡巫盡死，餘人不治多自瘥，然則醫巫豈足恃乎！

柏木中作笛聲

余尚書靖慶曆中知桂州。州境窮僻處，有林木延袤數十里。每至月盈之夕，輒有笛聲發於林中，甚清遠。土人云：「聞之已數十年，終不計其何怪也。」公遣人尋之，見其聲一大柏木中出，乃伐取以爲枕，聲如期而發，公甚寶惜。凡數年，公之季弟欲窮其怪，命工解視之，但見木之文理，正如人月下吹笛之像，雖善匠者不能及。重以膠合之，則不復有聲矣。

腸癢疾

傅舍人爲太學博士。忽得腸癢之疾，至其劇時，往往對衆失笑，吃吃不止，數年方愈。此瘖殆古人所未有。

應聲蟲

余友劉伯時，嘗見淮西士人楊勔自言：中年得異疾，每發言應答，腹中輒有小聲效之。數年間，其聲浸大。有道士見之驚曰：「此應聲蟲也。久不治，延及妻、子。宜讀《本草》，遇蟲所不應者，當取服之。」勔如言，讀至「雷丸」，蟲忽無聲，乃頓餌數粒，遂愈。余始未以爲信，其後至長汀，遇一丐者，亦有是疾，環而觀之者衆。因教之，使服雷丸，丐者謝曰：「某貧無他技，所以求衣食於人者，唯藉此耳。」

腹鳴如鼓

陳子直主簿之妻，有異疾，每腹脹，則腹中有聲如擊鼓，遠聞於外，過門者皆疑其家作樂。腹消則鼓聲亦止，一月一作，經數十醫，皆莫能名其疾。

嗜酒

鎮陽有士人嗜酒，日常數斗，至午後，飲興一發，則不可遏，家業由是殘破。一夕大醉，嘔出一物如舌，初視無痕竅，至欲飲時，眼偏其上，矗然而起，家人沃之以酒，立盡，至常日所飲之數而止【七】。遂投之猛火中，忽爆烈爲十數片。士人自此惡酒。

諸異

登州海中遇晴霽，忽見臺觀城市人物往還者，謂之「海市」。東坡嘗一見之。又歐常過河朔高唐縣，宿驛舍，夜聞神鬼自空中過，人畜之聲可辨。父老云：「二十年曾晝過縣，土人謂之『海市』。」高唐去海實遠【八】，謂之「海市」，竊恐不然。舊説漢時有人奉使過海，忽見漢家宮闕臺殿如在目前，使人因具衣冠向闕而拜，須臾風駛舟行，遂迷所在。

【七】以酒立盡至常日　「盡至」原作「至盡」，據張杲《醫説》卷七、《永樂大典》卷二〇三一〇乙正。

【八】高唐去海　「唐去」原作「虚云」，據方回《虚谷閑抄》及文義改。

又《酉陽雜俎》云：「有人掘井，深已倍常井數丈不見水，忽聞向下車馬人喧鬨之聲，近如隔壁，出以告州將，將遣數人驗之不誣，欲奏其事恐涉怪而止，遽令塞之。」又湘潭界中有寺名方廣，每至四月朔，日在東壁，則照見維揚官府樓堞、居民宇舍，彰著壁上，亦物物可數。又家弟公敘曾夜宿福清紫微院，三鼓忽聞院後讙呼買物之聲正如城市，皆是浙音，達旦而止。明日起視，皆高山峻壁也。寺僧云：「一歲之中凡數次如此，人謂之『鬼市』。」陰冥之事，蓋有非人意所能測者。

編竹橋救蟻

二宋少，有胡僧曰：「小宋他日當魁天下，大宋亦不在其下。」後十餘年，僧驚謂大宋曰：「公丰神頓異，如能救活數百萬命者。」答曰：「貧儒何力及此？」僧曰：「試記之。」宋曰：「堂下比有蟻穴，爲暴雨所漂，群蟻繚繞穴旁，吾戲編竹橋以渡之。」僧曰：「是也。小宋今歲首捷，公終不出其下。」比唱第，小宋果中魁選。章憲后臨朝，謂弟不可先兄，乃以大宋爲第一，小宋爲第十。

草堂和尚

曾楚公居泉南，有草堂和尚年九十餘，戒行孤潔，公與其夫人時攜衣食遺之。僧曰：「願爲夫人之子以報。」時夫人方娠。一夕，夢僧披幃而入。夫人驚悟而生子，則草堂和尚已坐化。其所生子，即魯公也。

燕巢過尺吉祥

俗傳燕巢人家，巢户内向，及長過尺者，吉祥也。集賢張公，每歲燕巢正寢，其長可容疋練，户悉内向。數年，遂登庸焉。

誦《金剛經》

張持國日誦《金剛經》二遍。每展卷，必焚香正坐，誦經未畢不中起，與語亦不答。其家素多怪，持國在家，則帖然。一日妻病，恍惚見數婦人侵侮。妻曰：「不能媚吾夫，乃獨困我！」婦人曰：「彼常誦《金剛經》，吾儕安敢近？」妻曰：「吾豈不誦經耶！」答曰：「汝日誦萬遍，吾猶不懼。」妻於是始加精勤，其怪遂息。

口中芙渠花香

歐公知潁州，有官妓盧媚兒，姿貌端秀，口中常作芙渠花香。有蜀僧曰：「此人前身爲尼，誦《法華經》二十年，一念之誤，乃至於此。」公後問妓：「曾讀《法華經》否？」妓曰：「失身於此，所不暇也。」公命取經示之，一覽輒誦，如素所熟者。易以他經，則不能也。

避火

有孫供奉者，火發於堂，衆皆踰垣奔逃。有乳媪直穿焰中，出身不焦灼，嬰兒尚眠未覺。人問之，答曰：「吾夫云：『避火當瞑目，認勁直趍出。若目開，則氣悶必倒。』我用此說，故出而不損，亦不覺身蹈烈火也。」

《倒誦揭諦咒》

漁人以猢猻毛置網四角，則多得魚。云：魚見之，如人見錦繡也。有人見垂釣布網，但志心默《倒誦揭諦咒》七遍，可使終日無獲。

少伏生八歲多太公二年

梁灝八十二歲，雍熙二年狀元及第。謝啟云：「白首窮經，少伏生之八歲；青雲得路，多太公之二年。」後終秘書監，卒年九十餘。

消風散

王荆公嘗訪蔡君謨，取絶品茶烹點。公於夾袋中取消風散一撮，投茶甌中，併食之。君謨失色，公徐曰：「大好茶味！」君謨大笑，亦嘆公真率。

誤探藻豆末

沙陽醫者鄧獻臣，夜有叩門者甚急，曰：「吾家去此一十里，父年八十，忽病腹疾困殆，遠投先生。」鄧方被酒，遽於篋中探藥一貼授之。其人倉忙而去。及曉，方悟藥乃藻豆末耳。鄧悔恨，意其人必死。既而其人至，曰：「賴君靈餌，父已痊安。」以十千爲謝。蓋鄧以無心付之，此人至誠服之，故疾愈。

李伯時畫

李伯時至騏驥院，見外國所進六馬，乃畫圖之。未幾，六馬繼死。人以爲李畫入神，奪其精魄。

四詩人作謎

有人作詩謎云：「佳人佯醉索人扶，露出胸前霜雪膚。走入帳中尋不見，任他風水滿江湖。」乃賈島、李白、羅隱、潘閬四詩人名也。或云王荆公作。

盜絹

有書生因盜絹被執，太守令作賦獲免。其警對云：「窺户而闃無人，心乎愛矣；見利而忘其義，卷而懷之。」

張百盃

張伯玉飲酒數斗不醉，世號「張百盃」。即吸水漱滌，云：「酒之毒在齒，滌去則不爲患。」陳康民用其説，亦能飲至一斗不醉。

諧噱

頌蝨

荆公、禹玉，熙寧中，同在相府。一日同侍朝，忽有蝨自荆公襦領而上，直緣其鬚，上顧之而笑，公不自知也。朝退，禹玉指以告公，公命從者去之。禹玉曰：「未可輕去，輒獻一言，以頌蝨之功。」公曰：「如何？」禹玉笑而應曰：「屢遊相鬚，曾經御覽。」荆公亦爲之解頤。

長年術

蒲傳正知杭州，有術士請謁，蓋年踰九十而猶有嬰兒之色。傳正接之甚歡，因訪以長年之術，答曰：「某術甚簡而易行，它無所忌，唯當絶色慾耳。」傳正俛思良久曰：「若然，則壽雖千歲何益？」

崖州地望最重

丁晉公自崖州還，與客會飲，一客論及天下地理，謂四坐曰：「海内州郡何處最爲雄盛？」晉公曰：「唯崖州地望最重。」客問其故，答曰：「朝廷宰相衹作彼州司户參軍，它州何可及也？」

海南人情不惡

東坡自海南還，過潤州，州牧故人也，出郊迓之，因問海南風土人情如何。東坡云：「風土極善，人情不惡。其初離昌化時【九】，有十數父老，皆攜酒饌直至舟次相送，執手泣涕而去，且曰：『此回與内翰相别後，不知甚時再得來相見。』」

【九】其初 「其」宛委山堂本《説郛》作「某」。

應舉忌落字

柳冕秀才性多忌諱。應舉而同輩與之語，有犯「落」字者，則忿然見於詞色；僕夫誤犯，輒加杖楚，常語「安樂」爲「安康」。忽聞榜出，亟遣僕視，須臾僕還，冕門迎問曰：「我得否乎？」僕應曰：「秀才『康』了也。」

臠婿

今人於榜下擇婿，號「臠婿」，其語蓋本諸袁山松，尤無義理。其間或有意不願就，而爲貴勢豪族擁逼而不得辭者。有一先新輩少年有風姿，爲貴族之有勢力者所慕，命十數僕擁至其第。少年欣然而行，略不辭遜。既至，觀者如堵。須臾，有衣金紫者出，曰：「某惟一女，亦不至醜陋，願配君子可乎？」少年鞠躬謝曰：「寒微得託迹高門，固幸。待我歸家試與妻子商量，如何？」衆皆大笑而散。

作詩圖對偶親切

魏達可朝奉喜爲謔談。嘗云：「李廷彦獻《百詠詩》於一上官，其間有句云：『舍弟江南没，家兄塞北亡。』上官惻然傷之曰：『不意君家凶禍重併如是。』廷彦遽起自解曰：『實無此事，但圖屬對親切耳。』」

作邀僧夜話詩

又云：「許義方妻劉，以端潔自許。義方嘗出經年始歸，語其妻曰：『獨處無聊，得無時與隣里往還乎？」劉曰：『自君之出，唯閉户自守，足未嘗履閾。』義方咨嗟不已。又問：『何以自娱？』答曰：『唯時作小詩以適情耳。』義方欣然命取詩觀之，開卷第一篇題云：『月夜招隣僧閒話。』」

嘲聶姓

國子博士郭忠恕，嘗嘲司業聶崇義云：「近貴全爲聵，收龍只作聾。雖然三個耳，其奈不成聰。」崇義答曰：「莫咲有三耳，全勝畜二心。」

戲作啟事

孔大夫嗣宗爲浙曹，戲作啟事云：「滿肚裹伴客茶湯，一眼底欠人書啟。火爐頭却如孤鬼，門道裹正似院翁。」

謎語

王荆公戲作謎語：「畫時圓，寫時方，冬時短，夏時長。」吉甫解云：「東海有一魚，無頭亦無尾，更除脊梁骨，便是這箇謎。」

而立歲古稀年

有人年七十，妻纔三十歲，生子。東坡戲作詩云：「聖善方當而立歲，乃翁已及古稀年。」

門上書午字

李安義者，謁富人鄭生，辭以出。安義於門上大書「午」字而去。或問其故，答曰：「牛不出頭耳。」此亦昔人題鳳之意。

僕呼司徒

文潞公戲云：「某平生仕宦，不能追一僕。某未入西府，比僕已呼僕射；某方得僕射，此僕復遷司徒矣。」蓋俚俗之呼如此。

墨池皮棚

王僧彦父名師古，常自呼硯爲「墨池」，謂鼓爲「皮棚」。守嶺南一郡，有李彦古以進納得官，過郡請謁，刺云：「永州司户參軍李墨池皮棚謹祗候參。」

中丞雇舡歸鄉長老遞馬赴闕

舒信道，元豐中得罪南歸。時方召本長老住慧林，或問京師新事，答曰：「舒中丞雇客舡歸鄉，本長老乘遞馬赴闕。」

我儂爾儂

杜三思，吴人，有口辯。襄邑人李防戲曰：「聞仙鄉有『爾儂我儂』之説，出於何典？」答曰：「出應我裹第二篇。」「應我裹」，蓋北人相語之詞【一〇】。

【一〇】北人相語　「北」原作「比」，據四庫本《類説》改。

竹詩

錢塘有學人作《竹》詩獻東坡，有云：「葉攢千口劍，莖聳萬條鎗。」公曰：「此竹葉似太少。」其人未喻，公笑曰：「十竹方生一葉，豈云多耶？」

仇覽梅福

今人號縣令爲「字民」，簿爲「仇覽」，尉爲「梅福」。有王伉者頑鄙，爲尉氏尉，呼令爲「薛家」。或譃之曰：「君知『字』、『覽』之義乎？縣令必須識字，故謂之『字』；簿與令，同覽詞狀者也，故謂之『覽』。」伉曰：「然則尉何以爲『梅福』？」曰：「職任雄緊，一枚有福人也。如足下可謂『王福』矣。」伉嘗爲富家主藏，故以此譏之。

堂字口不合

太學有至樂堂，舉人居此多易名待聘，遂有成名者。錢塘一寺極佳，而僧好爭訟。沈睿達因閲僧堂，見「堂」字「口」不合，戲舉筆塗合之，爭競遂息。今所在遇火災，亟須州縣牌額，焚之得息。乃知祈禳厭勝，理或有之。

張公吃酒李公醉賦

郭朏有才學而輕脱，夜出，爲醉人所誣。太守詰問，朏笑曰：「張公喫酒李公醉者，朏是也。」太守令作《張公喫酒李公醉賦》，朏云：「事有不可測，人當防未然。何張公之飲也，乃李老之醉焉！清河丈人方肆盃盤之樂，隴西公子俄遭酩酊之愆。」守笑而釋之。

兄弟同遊娼館

李漢英秀才與昆弟同遊娼館，題壁而去。有滑稽子書昔人鴈詩於其旁，曰：「兩行何處鬧文字，一隊誰家好弟兄。」

皤然一翁公然一婆

有一郎官，年老置婢妾數人。鬢白，令妻妾互鑷之。妻忌其少，爲群婢所悦，乃去其黑者；妾欲其少，乃去白者。未幾，頤頷遂空。又，進士李居仁盡摘白髮。其友驚曰：「昔日皤然一翁，今則公然一婆矣。」

三鹿爲犇

石甫學士嘗戲荆公，云：「鹿之行速於牛，牛之體壯於鹿。蓋以三鹿爲犇，三牛爲麤，而其字文相反，何耶？」公笑而不答。

上官弼下官口

陳亞性滑稽，知潤州，幕中有上官弼，亞所親信。任滿將去，亞曰：「何以見教？」弼曰：「郎中才行無玷，但調謔過差。」亞笑曰：「君乃上官弼也，如下官口何？」弼笑而去。

學士院題

有人於學士院題云：「李伯陽指李木爲姓，生而知之。」楊大年見之，索筆云：「馬文淵以馬革裹屍，死而後已。」

雲破月來花弄影

郎中張子野以樂章擅名。宋子京往見之，先令人戲曰：「尚書欲見『雲破月來花弄影』郎中。」子野屏後呼曰：「得非『紅杏枝頭春意鬧』尚書耶？」

汎志

複名

東漢人無複名者，或以問其鄉貢進士方絢，絢云：「王莽時禁用兩字名，蓋沿襲所致。」

麻胡

今人呼「麻胡」以怖小兒，其説有二。《朝野僉載》云：僞趙石勒虎，以麻將軍秋爲帥。秋，胡人，暴戾好殺，國人畏之。有兒啼，母輒恐之曰「麻胡來」，啼聲即絶【一一】，至今以爲故事。又，《大業拾遺》云：煬帝將幸江都，令將軍麻胡濬河湖，虐用其民。每以木鵝爲試，鵝流不迅，謂濬河不忠，皆抵死。百姓惴慄，常呼其名以恐小兒。小兒夜啼不止，呼「麻胡來」，應時止。《大業拾遺》在《僉載》前，當以《拾遺》爲是。或云：「胡本名祜，胡者，爲其多髭髯也。」

【一一】啼聲即絶　「即」原作「不」，據《續墨客揮犀》卷七及文義改。

李庭邽墨

唐末，墨工李超與其子庭邽自易水渡江，遷居歙州。本姓奚，江南賜姓李氏，庭邽其後改之。故世有奚庭邽墨，又有李庭邽墨。或有作庭邽字者，僞也，墨亦不精。庭邽之弟庭寬，庭寬之子承晏，承晏之子文用，文用之長子爾明、次子爾光，爾光之子丕基【一二】，皆能世其業，然皆不及庭邽。祥符中，治昭應宮，用庭邽墨爲染飾，今人間所有，皆其時餘物耳。有貴族嘗誤遺一丸於池中，疑爲水所壞，因不復取，既踰月，臨池飲，墜一金器焉，乃令善水者併得其墨，光色不變，表裏如新，其人益寶藏之。

李泌茶詩

茶古不著所出，《本草》云：「出益州【一三】。」唐以蒙山、顧渚、蘄門者爲上品，尚雜以蘇椒之類，故李泌詩云：「旋沫番成碧玉池，添蘇散出琉璃眼。」遂以碧色爲貴。止曰煎茶，不知點試之妙，大率皆草茶也。陸羽《茶經》統言福建泉、韶等十州所出者，其味極佳而已。今建安爲天下第一。

荔枝譜

《荔枝譜》稱【一四】：「漢初，南粵王尉陀以備方物。和帝時，交趾七郡貢生荔枝。天寶中，涪州歲驛致之。」未嘗有言及閩中者。今廣南、梓、夔所出，僅比閩中之下品。是真荔枝，自唐其名未始著也。今蒲陽爲天下第一。

【一二】庭邽之弟庭寬庭寬之子承晏承晏之子文用文用之長子爾明次子爾光爾光之子丕基　原作「庭珪之弟子文用」，據胡仔《苕溪漁隱叢話》後集卷三〇補改。

【一三】出益州　「出」原闕，據《漁隱叢話》前集卷四六及文義補。

【一四】荔枝譜　原闕，據蔡襄《荔枝譜》文義補。

訝鼓戲

王子淳初平熙河，教軍士爲訝鼓戲，遂盛行於世。其舉動舞按之節，與優人之詞，皆子淳所製也。或云：「子淳與西人對陣，命軍士百人，裝爲訝鼓隊，出軍前。虜見皆驚愕，乃進兵奮擊，大破之。」

風土

土宜

陝西鳳州妓女，雖不盡妖麗，然手皆纖白；州境内所栽柳，翠色尤可愛，與他處不同；又公庫多美醖，故世言鳳州有三出，謂手、柳、酒也。宣城士人李愈云：「吾鄉有『四出』。」問：「何物？」答曰：「漆、栗、筆、墨。」

南人不識雪

嶺南無雪，閩中惟建、劍、汀、邵四州有之。故北人嘲云：「南人不識雪，向道似楊花。」然南方柳實無花，是南人非止不識雪，亦不識楊花也。

郴連道中託宿【一五】

湖南好事妖神，殺人以祭。儒生爲上祀，僧爲次，餘人爲下。有儒生出行郴連道中，日暮，耕者曰：「前有猛獸，不宜夜行。此林下有居民，可以託宿。」生入一荒逕，忽見高

【一五】郴連道中託宿　「郴」原作「柳」，據《墨客揮犀》卷二、《九國志》卷一一、《輿地廣記》卷四改。

門大第，主人延入一室，肴饌豐美。既夕，有婦人出，甚妍。生挑之，欣然而就。留連數日，情意款昵，私曰：「是夜將謀殺子以祭鬼，我亦良家子，爲其所刼至此，遣妾侍君，欲聯君心耳。」及夜，冗壁與婦人同出。比明，行四十里，投近縣，縣遣吏捕之，盡得姦狀，前後被殺者數十人，指途耕者乃其黨也，於是一家伏法。生用賞得官，與婦人偕老。

蠱毒

閩蜀之俗好畜蠱，其法：先聚百蟲於器中，任其自相啖食，數月食盡，惟留一物者，則事以爲蠱。以其子内飲食中，即殺人。妄云殺人多則蠱家富饒，不然反受禍，故愚人造畜不已。初中毒而未覺有異，半年後，其毒始行，孕育漸多，食人腸胃盡乃死。臨死時，輒能自道所毒之家姓名。被者多是遊行商賈，故其事難究。蔡君謨爲民漕，凡破數百家，自後稍息。土人云：家有蠱，不可畜雞，駭飛去。又有物不懼，惟蝎能制之。白蘘荷亦能療其毒。柳子厚《種白蘘荷》詩頗述其事。《本草》云：以知子三兩枚，藏衣領間，遇食有毒蠱，自擊觸有聲。

忌食羊血

服餌之家，忌食羊血。雖服藥數十年，一食則前功盡喪。

目疾忌浴

有目疾者，切忌浴，令人目盲。

仕宦忌瓦日

仕宦多忌「瓦日」，不赴官。人多不曉「瓦」之義，或云「九」字頗類「瓦」字，數家之説不同，最爲無據。凡上官，切忌初四、初七、十六、十九日，名曰「四不祥日」，用此日，鮮有善終者。

動植

禽鳥有智

鸂鶒鳥能敕水，故水宿而物莫能害。鴆能巫步禁蛇，故食蛇。啄木遇蠹穴，能以嘴畫字成符，即蠹蟲自出。鵲有隱巢木，故鷙鳥莫能見。燕啣泥避戊己日，故巢固而不傾。鸛有長水石，故能於巢中養魚而水不涸。燕惡艾，雀欲奪其巢，即啣艾置其巢中，燕見艾避去。皆鳥之有智者也。

鴆

人有任嶺南官，至山寺登厠，忽有異禽飛集厠前石，跳躍作聲若巫家之禹步者。須臾，石裂，出一青蛇，乃啣之而去。見者大駭，問寺僧云：「正鴆鳥也。蓋惟食毒蛇，乃能成其毒。」

又

蘄州黄梅山有鵂，巢於山岩大木中。狀類訓狐，聲如擊腰鼓，巢下數十步無生草。每春生二子，一能飛，乃送出山。唯二雌雄獨留此，與金山石穴二鶻無異。

百勞

百勞一名梟，一名鴡，能捕燕雀諸小禽食之，又能禁蛇。以其食母不孝，故古人賜梟羹；又標其首于木，故後人標賊首以示衆者，謂之「梟首」。余嘗偶居北門鎮小寺，寺後喬木數株，有梟巢其上。凡生八子，子大能飛，身皆與母等，求食益急，母勢不能供，即避伏荆棘間，羣子噪逐不已。母知必不能逃，乃仰身披翅而卧，任衆子啄食，至盡乃散去。就視，惟毛嘴存焉。

毬魚

海中異物，不知名者甚多，大抵以狀名之。朱崖之傍，有物正如鞠，大小質狀無異，亦有紋如綫，謂味極肥美，土人但呼爲「毬魚」。

種松令偃蓋

蘇伯材奉議云：凡欲松偃蓋，極不難。栽時，當去松中大根，惟留四傍鬚根，則無不偃蓋。

朱虎殘

虎每食一人，則耳成一缺。汀州西山有虎，爲射者所殺，兩耳如鋸焉。虎性甚靈，不妄食人。蓋命所值，或宿冤也。武康民朱泰，事母甚孝，爲虎所搏而去。泰大呼云：「虎暴殺我，母將無所依。」虎遽捨之。泰後安健如故，鄉里號「朱虎殘」。

蜈蚣

有人野外見蜈蚣逐一蛇甚急，蛇知力屈，回身張口向之，蜈蚣入其口。俄頃，蛇死，穴其腹旁而出，拆蛇視之，已無腸矣。傳言蝍蛆甘帶，蝍蛆，即蜈蚣。

蟲入耳

蟲之類能入人耳者，不獨蚰蜒，如壁虱，即火頭蟲，皂角蟲，皆能爲害。有人患腦痛，爲蟲所食。或教以桃葉爲枕，一夕，蟲自鼻出，形如鷹觜，人莫曉其名。有人蚰蜒入耳，遇其極時，以頭撞柱，至血流不知，云痒甚不可忍。蚰蜒入耳，往往食髓，至盡又能滋生。凡蟲入耳，惟用生油灌之爲妙。

水蠱蟲

凡夜食必以燭。陳正敏大醉，取水將飲，聞水中有聲，急呼燭視之，得一蟲，狀如蚯蚓。左右曰：「水蠱蟲也。入腹中，食人腸胃。」

夜虎

嶺南有蟲如蚯蚓，長尺餘，觜利如錐，多夜半出，半身着地，半指空而行。或誤觸之者，直入人心腹，食人至死乃出。土人目爲「夜虎」。

鼠淚

夜藏飲食於木器中，覆之不密。鼠欲盗食不可得，環器而走，淚滴器中。食之者得黄疾，徧身如蠟，針藥所不能療也。

雜説

趙闢公　撰

曾魯公

曾魯公年垂八十，筆力尚壯。曾子宣謫守番陽，手簡云：「扶摇方遠，六月不息【一】；消長以道，七日自當來復。」

陳希夷戒种放

陳摶隱華山。幼時戲渭水，一青衣媪抱至懷中，乳之曰：「令汝更無嗜欲，聰悟過人。」先生嘗戒門人种放曰：「子他日遭逢明主，名動天闕。名者，古今美器，造物者深忌之。天地間無完名，子名將有物敗之。」放晚節侈飾過度，營産滿雍、鎬間，遂喪清節。

党進掉書袋

党進不識一字，朝廷遣防秋於高陽，辭日須欲致詞，閤門曰：「太尉邊臣，不須如此。」進性强狠，堅欲致之。進搢笏前跪，多時不能道一字，忽仰面瞻上表，厲聲曰：「臣

校勘記

【一】六月不息　王銍《四六話》卷下作「六月不得不息」。

聞上古其風朴略【二】，願官家好將息。」仗衛掩口，後左右問曰：「太尉何故念此兩句？」進曰：「我常見措大愛掉書袋，我亦掉兩句，要得官家知我讀書。」

父爲所由

凌策侍郎，其父曾爲鎮所由。策方成童，父携拜安鴻漸，乞立一名。鴻漸滑稽輕薄，因命名曰「教之」，蓋言所由生也。策後長立，頗銜之。

唐酒價

真宗嘗問近臣：「唐酒價幾何？」無能對者，丁晉公曰：「每升三十。」上曰：「何以知之？」曰：「杜甫詩云：『速來相就飲一斗，檢有三百青銅錢。』是知一升三十也。」

奏案中名次公者

梁適隨判院盧南金上殿，奏案中有名次公者，仁宗問曰：「因何名次公？」南金以明法不能對，適曰：「漢黄霸，字次公。」上曰：「卿是何人？」曰：「詳議官梁適。」又問：「那個梁家？」曰：「祖顥、父固，俱中甲科。」上曰：「怪卿面貌酷似梁固。」他日，適奏曰：「臣父祖頃事太宗、真宗，不知陛下何以知之？」上曰：「天章閣有名臣頭子，朕觀之

【二】臣聞上古　「臣」原作「朕」，據四庫本改。

甚熟。」適後除記注、知制誥，至翰林學士，除目皆出御批，不十年至台輔。《筆談》載公事，乃龎莊敏。

落第紫微揀停殿院

張去華甲科直館，越取上言：「知制誥張澹、盧多遜，殿院師頏，詞學荒淺，願校優劣。」太祖立召澹輩，臨軒重試，委陶穀考較，上選多遜入格，餘並黜之。時諺謂澹爲「落第紫微」，頏爲「揀停殿院」。去華除右補闕，士論短之。後十六年不遷，反不逮平進者。《談苑》亦載。

邵父陳母

邵煒知廣州，鑿内河以泊舟楫，不爲颶風所害。陳世卿代之，奏乞免本州計口買鹽之害，五羊之民始有衣食。廣人歌曰：「邵父陳母，除我二苦。」

夢六印懸劍鋒

張乖崖鎮益，屢乞代，王文正奏除凌策。少嘗夢人以六印懸劍鋒以授之，後在劍外凡六任。

太宗問蟫字

凌策辟楊蟫爲益倅，奏名上，太宗不識「蟫」音尋。字，詔問立名之因，奏曰：「先臣命之，不知其由。兄蚡、弟蛻，盡旁虫。今已孤，不敢輒更。」上曰：「蟫有何義？」曰：「臣聞出《羽陵蠹書》，曰『白魚蟲』也。」上曰：「古人名字，以日月山川隱疾【三】，尚恐稱呼有碍，今以細碎微類例名其子，何謂也？」御筆特去「虫」，止賜名覃。

胡旦取珍器貸金

胡旦大監出知明州，同年董儼給事知揚州，延留甚歡。入後館，出妓侍宴，豆皆上方珍器，旦曰：「人生會合難得，來日能枉駕敝舟數盃可乎？」又曰：「珍器，家貧未識，可略假借，夸示妻孥。」董以具奩盡貯，送舟中。明日五更，不告而行。至餘杭，薛映大諫，亦榜下生也，首問：「過維揚，見董同年否？」旦曰：「望之材器英邁，奇男子也，然止是性貪。」一日，旦謂映曰：「貸二千緡，創鑑湖別墅，鄞麾纔罷便當謝病，扁舟釣於越溪。」薛不得已，贈白金三百星。後知制誥王繼恩平蜀，以銀數千兩賂旦，託爲褒詔。事敗，旦貶潯州，便殿賜玦。

【三】以日月山川隱疾　《玉壺清話》卷三作「不以日月山川隱疾」。

養民寡欲

王昭素學行高世，鰥居絶欲四十年，顔如渥丹。太宗召至，坐講《乾卦》至「九五，飛龍在天」，整巾稽首，改容而説曰：「此文正陛下今日。」留禁中月餘，上詢治世養身之術，昭素曰：「治世莫若養民，養身莫非寡欲。」上書其語於御屏。

西河急奏

慶曆中，王師失律於西河，數大將陷虜，急奏至已旬日，大臣固緩之。上因御化成殿，老卒擁篲，嘆曰：「可惜劉太尉。」上怪，問之，對曰：「官家豈不知劉太尉與五六大將一時殺了？」即解衣帶書進呈，曰：「臣之營州西虎翼一營盡折，臣壻亦没。此書家人急報也。」上急召執政視之，大臣始奏：「得報未審，候旦夕得其詳方奏，乞寬聖慮。」上厲聲曰：「事至如此，猶言乞寬聖慮，卿忍人也！」宰相因乞骸骨。

太祖誅讚者

開寶中，或奏太祖曰：「晉王天日姿表，恐物情附之。爲京尹，肆意不戢吏，縱法以結豪俊，陛下當圖之。」上怒曰：「朕與晉弟雍睦起國，和孝相保，他日欲令管勾天下公事，小人敢離我手足！」亟令誅之。

高陽關奏

太宗嗣位，高陽關奏：「妖氣夜起，横亘北陸，邊情頗摇。」上召向敏中議之，向奏曰：「崔翰領節高陽，恃功恣横，陛下宜召還誅之，以壓妖氣。」上曰：「是何言歟？翰以其能，拔於行伍，遂建節旄，料渠不肯孤朕也。」上遣一詞臣，宣撫慰勞而已。妖祲自消，邊心亦寧。

陶穀鸞膠曲

國初，朝廷遣陶穀使江南，以假書爲名，實使覘之。丞相李穀以書抵韓熙載云：「五柳公驕甚，其善待之。」穀至，果如李所言。熙載曰：「陶秀實非端介者，其守可隳。」因令留宿，俟寫六朝書畢，館留半年。熙載遣歌兒秦弱蘭，詐爲驛卒之女，敝衣竹釵，擁篲洒掃。穀見之而喜，遂犯「慎獨」之戒，作小闋贈之。後數日，李主宴於清心堂，命玻璃巨鍾滿酌之，穀毅然不顧；出蘭於席，歌前闋以侑之，穀大慚，倒載吐茵，尚未許罷，大爲李主所薄。詞名《風光好》云：「好姻緣，惡姻緣。只得郵亭一夜眠，别神仙。琵琶撥盡相思調，知音鮮。待得鸞膠續鳳絃，是何年？」逮歸京師，「鸞膠」之曲已喧，因是卒不大用。

南唐野史

佚名撰

歸隱詩

王易簡拜左拾遺，辭官歸隱，詩曰：「汩没朝班愧不才，誰能低折向塵埃。青山得去且歸去，官職有來還自來。」

《詠白》詩

廖凝，十歲作《詠白》詩云：「滿汀鷗不散，一局黑全輸。」

《孤鴈》詩

狄子炎《孤鴈》詩云：「更無聲接續。」人以爲讖，竟亡兒女終身。

二子夭壽

范攄有子七歲，贈隱者詩云：「掃葉隨風便，澆花趁日陰。」《夏日》詩云：「閒雲生不雨，病葉落非秋。」方干云：「必不享壽。」未十歲而卒。歐陽彬一子，贈田父詩云：「桑柘殘陽裏，兒孫落葉中。」尋亦夭逝。

一字師

張迥，少夢五色雲自天而下，取一團吞之，遂精於詩。有《寄遠》云：「錦字憑誰達，閒庭草又枯。夜長燈影滅，天遠鴈聲孤。蟬鬢彫將盡，虬髭白也無。幾回愁不語，因看朔方圖。」僧齊己改爲「虬髭黑在無」，迥遂拜爲一字師。

聯句

馬希振與雍僧貫假多爲聯句。希振曰：「蟻子子嚙蟲子子。」雍曰：「猫兒兒捉雀兒兒。」

徐仲雅詩

徐仲雅因文昭王迎四儀夫人，賦詩云：「雲路半開千里日，洞門斜掩一天春。」又作宮詞云：「内人曉起怯春寒，輕揭羅幃看牡丹。一把柳絲收不得，和風斜搭玉欄干。」

白賦赤賦

寇豹、謝觀同入崔裔相公門下。觀嘗作《白賦》，有曰：「晚入梁王之苑，雪滿羣山；夜登庾亮之樓，月明千里。」豹作《赤賦》云：「田單破燕之日，火燎平原；武王伐紂之時，血流漂杵。」豹尋辭去，觀猶依托。祖席多蠅，觀曰：「青蠅被扇扇離席。」豹舉目見戶上白澤圖，答云：「白澤遭釘釘在門。」

吴猱

吴合靈爲道士，居南岳，俗呼爲「吴猱」，好睡，經旬不飲食。常曰：「人若要閒即懶，如勤謹即不閒。」

《胡蝶》詩

王著《胡蝶》詩云：「今夜若棲芳草裏，爲傳消息到王孫。」

洞庭湖

湖南馬希範入覲，莊宗曰：「湖南省洞庭湖其波無際，是乎？」希範曰：「陛下南巡，此湖不足飲馬。」

《中秋無月》詩

前進士高若拙，袖所業詣荆見高從誨，有《中秋無月》詩云：「人間雖不見，天外自分明。」從誨曰：「此詩雖好，將来但恐喪明。」後如其言。又有僧可隆詩曰：「萬般思後行，一失廢前功。」從誨曰：「此詩必因事而得。」隆曰：「本姓慕容氏，與桑維翰同學，少負氣，多忽之。維翰入相，某猶在場屋，頻年敗劫，皆維翰所挫，因削髮爲僧。其句實感前事。」

螃蟹賦

嚴續在中書，備位而已，無學術，爲朋列所輕。江文蔚作《螃蟹賦》以譏之曰【一】：「口裏雌黄，每失途而相照；胸中兵甲，嘗聚衆以横行。」又云：「外視多足，中無寸腸。」

韓熙載書

韓熙載舉進士，投書李鼎曰：「釣大鰲者，不投取魚之餌；斷長鯨者，焉用割雞之刀。」又云：「腰有劍而袖有鎚，口有舌而手有筆。」

【一】作螃蟹賦　「作」原闕，據四庫本補。

《紙窗》

郭希聲《紙窗》詩曰：「偏宜蘚壁稱閒吟，白似溪雲薄似冰。不是野人嫌月色，免教風弄讀書燈。」《聞蛩》詩曰：「愁殺離家未達人，一聲聲到枕前聞。苦吟莫向朱門裏，滿耳笙歌不聽君。」